Para

Com votos de muita paz!

___/___/___

Lucy Dias Ramos

prefácio de
SUELY CALDAS SCHUBERT

LUZES
e sombras

ebm

Rua Silveiras, 23 | Vila Guiomar
CEP: 09071-100 | Santo André | SP
Tel (11) 3186-9766
e-mail: ebm@ebmeditora.com.br
www.ebmeditora.com.br

Facebook: www.facebook.com/ebmeditora

Dados Internacionais de Catalogação na Publicação (CIP)
(Câmara Brasileira do Livro, SP, Brasil)

Ramos, Lucy Dias
  Luzes e sombras / Lucy Dias Ramos. -- 1. ed. -- Santo André, SP : EBM Editora, 2016.

  1. Ciências 2. Espiritismo 3. Evolução - Aspectos religiosos - Espiritismo 4. Imortalidade 5. Morte (Espiritismo) 6. Vida futura I. Título.

ISBN: 978-85-64118-61-4

16-07894   CDD-133.901

Índices para catálogo sistemático:

1. Imortalidade : Espiritismo   133.901

Luzes e Sombras

Copyright© C. E. Dr. Bezerra de Menezes

Autora
Lucy Dias Ramos

Editor
Miguel de Jesus Sardano

Projeto gráfico e diagramação
Tiago Minoru Kamei

Revisão
Rosemarie Giudilli

Capa
Ricardo Brito - Estúdio Design do Livro

Impressão
Lis Gráfica e Editora Ltda

1ª edição - janeiro de 2017 - 2.000 exemplares

Impresso no Brasil - Printed in Brazil

SUMÁRIO

CÂNTICOS - *11*

CARTA DE GRATIDÃO... - *13*

PREFÁCIO DE SUELY CALDAS SCHUBERT
DAS SOMBRAS PARA A LUZ - *17*

INTRODUÇÃO - *21*

LUZES E SOMBRAS - *25*

VOOS DA ALMA - *31*

A ARTE DE SERVIR - *35*

A MONTANHA DE LUZ... - *39*

A ÚLTIMA VIAGEM - *43*

ABRINDO AS PORTAS DO CORAÇÃO! - *47*

COMO DEFINIR A AMIZADE? - *51*

LUTAS E DESAFIOS EXISTENCIAIS... - *55*

CRESCER E SER FELIZ - *59*

FINAL DE ANO... - *63*

A ARTE DE OUVIR - *69*

A CARREIRA DA ALMA... - *73*

O DESPERTAR DA CONSCIÊNCIA - *77*

O QUE MAIS TEMEMOS? - *81*

REFLEXÕES NO ALVORECER... - *87*

PROCESSO DE ILUMINAÇÃO - *93*

DIVAGAÇÕES E IMAGENS RETROSPECTIVAS - *97*

RETRATO DO CORAÇÃO - *101*

ENTENDER O SOFRIMENTO - *105*

ESTUDAR PARA DISCERNIR - *111*

SAUDADES DE VOCÊ - *117*

SAÚDE – DOM DA VIDA - *121*

SOB A INSPIRAÇÃO DO AMOR - *125*

SOB AS LUZES DO ENTARDECER... - *131*

O CÂNTICO DA ESPERANÇA - *137*

DIÁLOGO ÍNTIMO - *141*

AQUIETANDO A MENTE... - *147*

A ISSO FOMOS CHAMADOS - *153*

BONDADE E TERNURA – NOVO PARADIGMA - *159*

REFLEXÕES EM TORNO DA IMORTALIDADE - *165*

DESAFIOS DO CAMINHO - *171*

RETORNANDO AO LAR - *177*

QUEM AMA NUNCA ESTÁ A SÓS... - *183*

Estenda suas mãos para as estrelas... - *187*

Sensibilidade e compaixão - *191*

Deixe o passado: desapegue-se - *197*

Reflexões: nossas mães... - *201*

Reflexões sobre o perdão - *207*

Tempo para ser feliz... - *213*

Caminhos do coração - *219*

Encontro marcado - *225*

Aprendendo a amar a si mesmo - *233*

Rendendo-se à gratidão - *239*

O dever do coração - *245*

Referências - *255*

CÂNTICOS

Adormece teu corpo com a música da vida.
Encanta-te.
Esquece-te.
Tem por volúpia a dispersão.
Não queiras ser tu.
Queira ser a alma infinita de tudo.
Troca o teu curto sonho humano
Pelo sonho imortal.
O único.
Vence a miséria de ter medo.
Troca-te pelo Desconhecido.
Não vês, então, que ele é maior?
Não vês que ele não tem fim?
Não vês que ele é tu mesmo?
Tu que andas esquecido de ti?[1]

---

[1] - Cecília MEIRELES, *Poesia completa*. Vol. I. Cânticos. Cântico nº IV.

Carta de gratidão...

Minha irmã

Hoje me dei conta de que nunca havia escrito uma carta para você...

Estranho escrever a primeira, justamente agora!

Usávamos outros recursos mais modernos para nos comunicar, entretanto hoje, além de lhe endereçar vibrações de paz, de gratidão e afeto, estou escrevendo para dizer muita coisa que não deu tempo de falar ao seu coração bondoso.

Certo dia, antes de você partir, eu lhe contei um sonho... Sonhara que escrevia um livro e o dedicava a você.

Você, com seu jeito simples, olhando-me com surpresa, indagou:

– Mas esse não é o último... será?

A pergunta tem uma explicação, porque eu, algumas vezes, lhe falara que o último livro que eu escrevesse dedicaria a ela.

Depois, olhou-me e permaneceu em silêncio algum tempo, voltando a falar:

– Ficarei muito grata, mas não se preocupe com isso.

Não sei se será o último, minha irmã... Mas como naquele sonho, dedico esse livro a você.

É um gesto de gratidão. Reconheço que é muito pouco diante da grandeza de sua bondade.

Desta vez, não sentirei sua alegria ante a expectativa da conclusão do livro, quando acompanhava passo a passo os trâmites legais da editora até a chegada dos exemplares que nos enviava após a publicação da obra.

Compartilhávamos com entusiasmo esse momento!

Tão simples minha homenagem diante de tudo o que você representou em minha vida!...

São inúmeros os motivos, e citarei apenas alguns...

Coisas que não falamos aos amigos enquanto caminham conosco, mas hoje preciso dizer para que você compreenda a extensão do afeto que lhe dedico e a gratidão pela sua generosidade.

Saiba que eu recuperei a alegria de viver quando você me estendeu as mãos em gestos de carinho e apoio fraterno...

Inundei-me de paz e esperança quando sua presença amiga ouvia com paciência meu coração que sofria a dor dilacerante pela ausência física de minha filha que partira para a dimensão espiritual...

Com você ao meu lado, sentia-me forte e corajosa diante dos desafios e aceitei as benéficas mudanças que me ajudaram a viver em paz, e meu coração se iluminava com as luzes da esperança e da fé.

Voltei a orar com mais intensidade e ser grata a Deus pela bênção de sua presença no momento mais crucial de minha existência, porque podia contar com sua proteção...

Reencontrei o sentido existencial quando suas palavras de encorajamento e apoio, diante dos meus deveres e obrigações na seara espírita, ajudaram-me a confiar em minha capacidade de vencer os obstáculos...

Senti-me capaz e valorizada pelo seu devotamento e abnegação, enaltecendo meus valores, quando escrevia ou procurava a palavra certa para consolar meu próximo e deixava meu coração se abrir em flores de amor pelas estradas da vida...

Sou imensamente grata a você por tudo isso, mas muito mais pela sinceridade com que apontava meus equívocos, minhas fraquezas, minhas dúvidas, erguendo meu espírito com palavras de incentivo... Posso, assim, seguir sem receio no cumprimento do que me compete ainda realizar, porque você deixou marcas em meu caminho, sinalizando a meta a alcançar...

Em cada alvorecer, minha alma emocionada diante do sol a irradiar sua luz abençoando a Terra, induzia-me a dizer:

Obrigada Senhor por mais um dia de vida...

Deus a abençoe pelas horas de felicidade e paz que me propiciou, protegendo-me e cuidando de mim com desvelo de irmã...

E hoje, recordando você, volto a encontrar a paz, porque sei que mesmo não estando ao meu lado fisicamente prossegue orando por mim, intercedendo por minha felicidade e harmonia íntima!

Por tudo isso e pela sua presença constante, minha gratidão, querida irmã!

Prefácio

Das sombras para a luz

Analiso o contraste do passado e do presente, das sombras do ontem e das luzes do hoje, convidando-me a seguir com destemor o caminho delineado...

Apenas a fé, sentinela da alma, sustentando a vida em suas constantes mutações permite que prossigamos a viagem existencial rumo ao infinito das horas, impulsionados pelo amor rumo ao nosso destino maior como seres imortais!

Palavras da autora, no capítulo intitulado "Divagações e imagens retrospectivas", que é apenas uma pequena amostra do que o leitor e a leitora vão encontrar nas páginas dessa obra que fala de imortalidade, de infinito, de amor e bondade, enfim, a inexorável caminhada das sombras para a luz.

Estamos diante da **Ciência do Infinito**, tal como ensina Allan Kardec (*O Livro dos Espíritos*, FEB. Introdução, it.13). Ao me deter diante dessa frase do codificador do Espiritismo, buscando aprofundá-la, minha mente como que se abriu e uma viagem sem fim delineou-se aos meus olhos deslumbrados, perplexos, por essa surpreendente afirmativa que expressa a vastidão cósmica da alma.

Num átimo, o universo como que se torna a representação dessa Ciência que gradualmente se infinita em mim e, ao mesmo tempo, sinto-me invadida por uma felicidade que talvez tenha igual teor de grandeza.

O que a querida amiga Lucy escreve, nesse novo livro, suscita em vários momentos essas frestas mentais que se vão abrindo dando aos leitores a possibilidade de um pensar muito mais amplo do que as corriqueiras ocorrências cotidianas. Em meio a temas que ela apresenta, com sua conhecida elegância e bondade, pode-se perceber a sua amplitude de pensamento que, inclusive, é a proposta do Espiritismo, que temos procurado realizar.

A imortalidade é nossa essência. Pode-se imaginar um começo melhor do que aprender isto, pois que é algo tão grandioso que irá mudar o foco da vida terrena.

Quando se fala que a vida é uma viagem, via de regra, a pessoa refere-se à atual existência no plano físico, posto que a grande maioria ainda não realiza a leitura da reencarnação como vetor que alargaria a dimensão do entendimento. A reencarnação, porém, é um dos pontos básicos da Doutrina Espírita, tornando explicáveis os sofrimentos humanos e tudo o mais que caracteriza a experiência nesse planeta, faz mais ainda, evidencia a misericórdia e a justiça divinas, especialmente perante a fatalidade da morte.

O viajar, neste contexto, porém, é muito mais que isso, traz-nos à mente o trajeto do ser imortal, desde o supremo instante em que foi criado por Deus, nas mais remotas eras que nossa imaginação consegue conceber, e os milênios que se foram somando, como que saindo das trevas da ignorância para a luz da inteligência fulgurante que realiza e constrói, enquanto aprimora e sutiliza, na forja das experiências – a maioria, sofridas, por opções pessoais, individuais – os sentimentos que lhe são inerentes.

Nesse pensar, Lucy expõe em sua Introdução:

É no recôndito de nossa alma que está ínsita a centelha divina, o amor como um ponto de luz esperando nossa redenção espiritual para brilhar e resplandecer no futuro espiritual que nos aguarda.

E o que é a vida, senão uma trajetória de luzes e sombras?

Importante é saber enfrentar a sombra acendendo as luzes da esperança e da fé em nosso mundo íntimo e fazer brilhar este foco divino que habita dentro de nós.

Vivemos, portanto, entre sombras e luzes, de acordo com nossas preferências, no uso do livre-arbítrio, apanágio da espécie humana, em quaisquer dos mundos que habite.

Este é um livro que convida a quem o lê a mergulhar no recesso de seu próprio ser, no fulcro de sua imortalidade consciente, para aquilatar os passos que tem dado na gloriosa saga da noite desconhecida dos tempos para a alvorada de luz das conquistas empreendidas, que já se anuncia.

Você, leitor, leitora, está agora imaginando o conteúdo que está em suas mãos, leia, comece a viajar no rumo do pensamento, deixe que sua imaginação o leve para o porto seguro da beleza e da suavidade que tanta falta faz a esse mundo em que vivemos.

À querida amiga Lucy, que tão bem escreve sobre a amizade, que ambas conhecemos e cultuamos, minha gratidão pelo ensejo de prefaciar esse livro, que é ao mesmo tempo encantador e profundamente instrutivo.

Suely Caldas Schubert
novembro, 2014.

Introdução

O tempo passa célere no calendário da vida.

Alternam-se luzes e sombras denotando a posição espiritual de nosso planeta, levando-nos a reflexões mais profundas diante da transição que demarca o finalizar de um ciclo evolutivo e o alvorecer da nova era do Espírito.

Mudanças intempestivas no comportamento humano frente aos problemas que se avolumam, levando de roldão os valores éticos e o bom-senso, confundem os mais incautos que perplexos não descortinam o futuro que os aguarda.

Revolvem-se as entranhas físicas de nosso orbe, confundindo com as tragédias do cotidiano, engendradas pelo baixo nível de sintonia espiritual, e parcos recursos morais dos que se perdem na insensatez e nos vícios degradantes.

É preocupante o momento que vivemos neste suceder de dramas, tragédias e vandalismo como se toda a Terra estivesse sem rumo e sem força capaz de coibir os abusos que crescem a cada novo dia.

Entretanto, sabemos que nosso planeta segue o curso natural de sua evolução, estando dentro das leis imutáveis de Deus seu progresso na escala dos mundos.

Muitos se perdem em lucubrações pessimistas esquecidos de Deus e de Sua infinita misericórdia para com todos nós. Outros se apegam às seitas místicas sem coerência, como se tudo pudesse ser resolvido com um milagre ou sob o comando de uma força superior que infringisse sofrimento aos pecadores e salvasse os que fossem, supostamente, bons.

Mas Deus não condena ao abandono nenhum de seus filhos, e todos nós estamos inseridos na lei do progresso moral, destinados à felicidade e à pacificação de nosso mundo íntimo.

É no recôndito de nossa alma que está ínsita a centelha divina, o amor como um ponto de luz esperando nossa redenção espiritual para brilhar e resplandecer no futuro espiritual que nos aguarda.

Leciona Joanna de Ângelis:

> Iluminemo-nos de dentro para fora, a fim de que a nossa luz não projete sombras.
> Prossigamos, com o ardor de ontem e a confiança no amanhã, vencendo, cada hora e todo o dia, com o mesmo idealismo de fé, sem deixar que as altercações do mal e as forças negativas tomem das nossas paisagens interiores manchando-as de sombras.[2]

Luzes e sombras...

Luzes de amor, esperança e generosidade a espraiar como bênçãos dos corações que nos sustentam, vigilantes e sensíveis à nossa inquietação diante do futuro, como sentinelas do bem sob o comando de Jesus, o Mestre incomparável que prometeu que ficaria conosco até o fim dos tempos.

Comportamentos e vícios morais ensombrando a psicosfera de cada ser e de nosso ambiente terrestre, escurecendo

---

[2] - Divaldo FRANCO, *Momentos de harmonia*, cap. 9.

temporariamente o horizonte infinito do tempo que não recua, nem cessa de avançar em sua destinação.

Finalizando este ciclo de sombras, a tormenta se avoluma como se tudo estivesse perdido, mas a luz do Amor de Deus por todos nós ilumina nossas consciências para despertar ante a nova era de regeneração da Humanidade.

Neste livro, querido leitor, você encontrará narrativas e experiências que relato, nas quais sombras e luzes se alternam em minha vida, mas também a esperança e a fé como soluções nos momentos de dolorosas experiências, exortando o amor como expressão máxima nos recursos que busquei através dos ensinamentos de Jesus para nortear minha caminhada.

Vivências de todos nós que jornadeamos pelos caminhos do mundo.

E o que é a vida, senão uma trajetória de luzes e sombras?

Importante é saber enfrentar a sombra acendendo as luzes da esperança e da fé em nosso mundo íntimo e fazer brilhar este foco divino que habita dentro de nós.

O combustível para que brilhe a luz em nossos corações é o amor, como leciona Joanna de Ângelis:

Somente se pode ser livre e feliz quando se ama. O amor é diretriz de segurança para as metas sublimes da autorrealização, da autoconsciência.[3]

---

[3] - Divaldo FRANCO, *O amor como solução*, Introdução: "O amor como solução".

Espero que sua alma se impregne dos sentimentos que procurei externar, falando ao seu coração, tendo por diretriz segura o Evangelho de Jesus, e encontre as indicações para uma vida plena de amor e pacificada pela gratidão daqueles que caminham ao seu lado.

Como nos ensina a benfeitora espiritual, *quem experimenta o amor nunca mais é o mesmo!* [4]

Juiz de Fora, 5 de julho de 2014.

---

[4] - Divaldo FRANCO, *Momentos de iluminação*, cap. 16.

Luzes e sombras

O sol ainda não despontou no horizonte, mas a irradiação de seu calor dissipa o nevoeiro que recobre a cidade que ainda dorme. Nuvens rarefeitas dispersam-se em movimentos céleres, embaladas pelo vento suave neste amanhecer.

O céu reaparece, aos poucos, em tons rosáceos enquanto a bruma mais densa esconde a maioria dos prédios e casas de minha cidade, num contraste de sombras e luzes, em sua mutação constante.

Aos poucos tudo se transforma.

A paisagem diante de mim já não é a mesma, e o sol com seus raios de luzes e cores desperta a montanha adormecida, colorindo as árvores do parque. A densa bruma que recobria a cidade distante desaparece, deixando-nos entrever as luzes da rua que se apagam ante a claridade de novo dia.

Embalada pela emoção de novo alvorecer, oro a Deus pela beleza da vida que esplende diante de mim. Recordo em reflexões mais demoradas, as notícias alarmantes que a Mídia propagou na noite anterior.

Infelizmente, a sombra do desequilíbrio social e das imperfeições morais é uma constante na divulgação diária das tragédias humanas.

Todos os dias nos chegam, através dos meios de comunicação, notícias de violências físicas, inerentes ao meio ambiente, atos de vandalismo e terrorismo dizimando vidas, destruindo comunidades e edificações.

Conflitos e crises sociais, altos índices de criminalidade, uso abusivo de drogas, violência e desrespeito à vida, consequências funestas da falência moral, falta da espiritualidade que poderia manter o equilíbrio em momentos difíceis tais quais os que vivenciamos atualmente.

É todo um desconcerto de atitudes e ações deprimentes, levando-nos a sérias reflexões e tomada de atitudes na defesa da moralidade e da justiça social.

Sinais dos tempos, mudança de ciclo evolutivo, transição planetária são considerações que todos fazemos, tentando compreender a celeridade dos acontecimentos funestos, mesmo assim, nos perdemos em discursos ou explicações quando sabemos que a solução está na busca da luz que emana das lições do Evangelho de Jesus, na reeducação dos sentimentos, na reforma do caráter humano, através de novos métodos de ensino, cuidando com mais afinco da formação moral do ser.

Infelizmente, a Mídia não divulga os acontecimentos e as ações que visam ao bem-estar do ser humano, ao trabalho voluntário de tantas almas abnegadas que no anonimato procuram aliviar o sofrimento alheio.

O mal é alarmante e escandaloso, tendo ainda a maioria de adeptos e interessados em sua divulgação. O bem é humilde e não tem a repercussão que interessa aos que ávidos de notícias buscam os meios de divulgação. Mas ele existe, graças a Deus e se esconde na simplicidade dos justos e dos bons.

Luzes e sombras se alternam no horizonte que contemplo.

E em nosso planeta, luzes e sombras também se alternam refletindo a posição evolutiva da Humanidade que estertora em sofrimento intenso, todavia já podemos vislumbrar a luz que emana do amor de Deus por todos nós, enviando missionários do bem que nos ajudam a vencer as dificuldades atuais.

E haverá sinais no sol, na lua, nas estrelas e na Terra, consternação das nações aturdidas pela confusão em que as porá o bramir do mar e das ondas... (Lucas: 21,25 e 28).

As palavras de Jesus alertam-nos com relação aos tempos marcados pela iniquidade dos homens, e hoje assistimos à confirmação de suas profecias. Sabemos que somente encontraremos a luz e a solução para os problemas vivenciais através de seus ensinamentos, única esperança para a Humanidade conturbada pela celeridade dos transtornos comportamentais e dos desastres do cotidiano.

Allan Kardec, no cap. XVIII de *A Gênese*, fala desta transformação moral da Humanidade, tanto na ocorrência dos fenômenos da Natureza quanto na questão moral porque ambos estão interligados, e diz:

> Se pelo encadeamento e solidariedade das causas e efeitos, os períodos de renovações morais da humanidade coincidem, como tudo leva a crer, com as renovações físicas do Globo, podem os referidos períodos ser acompanhados ou precedidos de fenômenos naturais. (...).[5]

---

[5] - Allan KARDEC, *A gênese*, cap. XVIII, item 10.

Para momentos de tantas dificuldades, de tamanhas dores morais, perdas e insegurança humana, somente acharemos o equilíbrio emocional para prosseguir, o alento, a esperança e a consolação encontrando o sentido existencial através da confiança em Deus e da moralização de nossos atos por meio do amor e da educação dos sentimentos, afastando de nós o egoísmo e o orgulho – causas primárias de todo sofrimento humano.

Nesta fase de transição e renovações sociais intensas, a religiosidade tem um papel relevante. Na condição de espiritualistas, não devemos temer os acontecimentos nem cultivar o pessimismo e a incerteza diante do caos que impera em muitos segmentos sociais.

Ao priorizarmos o amor e compreendermos a Justiça Divina em Sua sabedoria e grandeza imensuráveis, renovamos nossas esperanças, reajustamos nossas forças prosseguindo com as tarefas no bem e vigiando sempre para não sucumbir diante das tentações desta hora de aferições dos valores morais e testemunhos.

Busquemos, portanto, nas luzes do Espiritismo, o roteiro e o apoio nestes dias de sombra, para que em nosso íntimo brilhe a luz da fé raciocinada, orientando nosso caminho e em nossos corações a esperança e o amor dos ensinamentos de Jesus, mantendo a serenidade e a confiança ante o futuro que nos aguarda.

Sombras e Luzes – o antes e o depois em nossa evolução espiritual!

Outrora, a sombra dos desacertos morais, dos desencantos atormentando a alma, hoje a antevisão do amanhã de luzes de nova era onde o amor e a paz serão as conquistas inalienáveis do ser humano!

Saibamos discernir o que nos convém e atraídos pela luz que emana de Deus, caminhemos resolutos!

Voos da alma

Todos nós almejamos a felicidade. É natural que busquemos o bem-estar e a harmonia íntima.

Entretanto, é preciso valorizar cada momento da vida e dar a ela um sentido pleno e duradouro, vinculado à certeza de que estamos em processo de crescimento e não há como fugir de nossa destinação espiritual.

Com o mesmo empenho que cuidamos do corpo e das necessidades físicas, teremos que cuidar dos valores da alma, alimentando-a com a riqueza da espiritualidade, valorizando os sentimentos nobres já adquiridos, vivenciando-os a cada momento.

Em linda mensagem, concitando-nos ao trabalho edificante e aceitação consciente dos reveses e dificuldades da vida, Emmanuel diz que:

É imprescindível muito cuidado para que as posições transitórias não paralisem os vôos da alma.[6]

Com este conhecimento, quando a dor se abater sobre nós, criando dificuldades ou interrompendo os labores a que estávamos vinculados, elevemos nossas vibrações sem nos demorar em lamentações ou desencantos.

___
[6] - Francisco C. XAVIER, *Caminho, verdade e vida*, cap. 132.

Igualmente, não permanecermos acomodados, esquecidos dos compromissos espirituais quando tudo transcorrer de forma pacífica, sem problemas ou empecilhos que dificultem a marcha, a realização dos projetos ligados à profissão ou à vida familiar. É comum esquecermos as aspirações e ideais que visem ao nosso desenvolvimento moral em detrimento das conquistas mundanas e das aquisições materiais.

Infelizmente, quando tudo vai bem, muitos se esquecem de orar e agradecer a Deus as bênçãos da vida, mantendo-se indiferentes diante do sofrimento alheio.

Todavia, quando defrontam situações difíceis sentem-se atormentados e queixosos e, então, solicitam a ajuda Divina como se não merecessem sofrer. Com a ausência da fé, sentem-se perdidos, em desamparo, esquecidos de que são eles mesmos os construtores de seu destino e responsáveis pela dor que os aflige.

Em situações graves, nas perdas de entes queridos, nas enfermidades incuráveis ou de longo curso, no fracasso financeiro ou profissional, nas mudanças bruscas que se estabelecem por questões diversas que exijam coragem e destemor no enfrentamento dos problemas, sentem-se desorientados e perdidos como se tudo fosse, apenas, aquele mundo que idealizaram – feliz e descompromissado com os deveres da alma.

Outros se vinculam ao poder, tentando manter o status ou as condições na sociedade em que se comprazem com títulos e conquistas materiais, entretanto, nada disso consegue satisfazer suas almas vazias de aspirações que o façam serenos e conformados diante do sofrimento. Ao restringirem suas vidas às limitações físicas, não conseguem voar mais alto ou ir além das estreitas faixas da matéria, então, se amarguram diante da impermanência do que desejam.

Sem a conscientização dos objetivos reais da existência e desconhecendo o rumo que deveria dar aos seus anseios, perdem-se no desalento até que despertem para algo superior que os faça perceber sua origem divina e os anime a prosseguir.

Todos nós temos o momento certo para esse despertar da consciência, emergindo dos limites materiais que nos retêm na faixa escura do egocentrismo, e partir para a libertação espiritual, desenvolvendo as potencialidades em gérmen, já que as trazemos como filhos de Deus.

É o amor – a centelha divina, esperando nosso esforço no bem para crescer em luzes e realizações enobrecedoras.

Nesse sentido, Emmanuel orienta, afirmando:

Guarda a retidão da consciência e atira-te ao trabalho edificante; então, a teus olhos, toda situação representará oportunidade de atingir o mais alto e o mais além.[7]

O que não podemos olvidar é que tudo é transitório na vida.

As situações que nos causam pesar ou sofrimento são educativas e nos fazem ascender às condições adequadas se conseguirmos vencer com fé e coragem os reveses sofridos.

Quando assim pensarmos, quando nos convencermos de que estamos em processo de reajuste e desenvolvimento moral, então estaremos mais aptos a nos sobrepor a estes entraves inevitáveis. Estaremos também saindo de situações transitórias e fugazes para vivenciar outras conquistas inerentes ao Espírito imortal, enriquecendo e educando nossa mente com os valores reais da existência.

---

[7] - Francisco C. XAVIER, *Caminho, verdade e vida*, cap. 132.

Compreender, finalmente, que somos espíritos imortais.

Manter a fé viva em nossos corações.

Estender nossos braços em socorro aos que padecem.

Educar nossos sentimentos e equilibrar nossas emoções.

Instruir nossas mentes com o conhecimento da verdade.

Amar incondicionalmente a todos os seres que compartilham nossa existência.

Respeitar e proteger nosso habitat – a Natureza que nos acolhe e abriga, dando-nos exemplos de perseverança e coragem.

Trabalhar no bem com otimismo, alegria de servir, e com empenho e arte.

Creio que esses são os voos da alma que nos conduzirão ao caminho da vida em sua plenitude para atingir o *mais alto e o mais além*.

Quem sabe conseguiremos encontrar dentro de nós a luz que emana de Deus e confessar como o poeta:

>Enquanto longe Te buscava jamais Te encontrei.
>Ao perguntar aos bosques, o farfalhar das folhas apavorava-me.
>Ao indagar ao arrozal, trêmulo este dobrava o dorso, quedando-se silencioso.
>Inquirindo às águas cantantes do riacho, despencavam-se ligeiras, aparentando não me ouvir.
>Examinei a terra, perguntei às gentes e tudo me pareceu indiferente...
>...Um dia examinei minha alma e lá Te encontrei, enfim.[8]

---

[8] - Divaldo FRANCO, *Filigranas de luz*, cap. 54.

A ARTE DE SERVIR

A arte é a expressão do belo, retratando a vida em seus múltiplos aspectos, irradiando sob a inspiração do artista seus sentimentos e sua condição moral. Ele busca na sublimação do que deseja a criação estética que possa representar o sentimento ou a emoção que o domina quando contempla algo ou se deixa inebriar diante do que o extasia.

Quando falamos em arte e serviço, entendemos que ao buscar no trabalho voltado ao bem um desempenho primoroso, elevado e sublimado pelo amor, exercitamos a arte, em outra dimensão e, certamente, irá beneficiar o próximo com o que temos de melhor em nosso mundo íntimo para lhe oferecer.

Emmanuel nos diz que *o coração inspira, o cérebro pensa e as mãos irradiam,* convidando-nos a observar como estamos agindo no desempenho das tarefas a que fomos chamados na sementeira do bem.

Como na arte que expressa o que sentimos, o trabalho no bem, endereçado ao irmão que precisa de nós, será caracterizado pela execução das tarefas usando nossas mãos por ferramentas do amor, educando, amparando, orientando, socorrendo e atendendo às suas necessidades materiais ou espirituais.

Como obreiros do bem, a arte de servir será sempre caracterizada pelo gesto de carinho, generosidade e benevolência no qual estaremos exercitando a caridade em sua expressão mais ampla, dando o alimento da alma e nutrindo o corpo, enquanto necessitado e carente de recursos materiais.

Existem várias maneiras de ajudar, de servir, e quando conseguimos aprimorar nossa contribuição em favor do outro, buscando fazer com amor e humildade o que nos solicita, realmente realizamos a arte de servir em sua pureza e simplicidade.

Vários missionários do Bem têm deixado rastros luminosos em sua passagem por nosso planeta, no exercício do amor e da benevolência. Bezerra de Menezes, Benedita Fernandes, Madre Tereza de Calcutá, Irmã Dulce, Chico Xavier, Maria Dolores, Yvonne Pereira, Caibar Schutel, Eurípedes Barsanulfo, Divaldo Franco e tantos outros obreiros anônimos da caridade. Exemplificando o amor de Jesus em suas atitudes e exemplos, com renúncia, abnegação, humildade e o imensurável devotamento aos seus tutelados.

Podemos, também, fazer algo por aqueles que nos buscam.

E você, meu irmão, como está se saindo nesta abençoada arte de servir?

Como tem atendido ao irmão carente, sequioso de afeto e compreensão, que cruza seu caminho?

Como tem se portado no recôndito do lar que o abriga junto aos seus familiares?

Existem diferenciadas maneiras de servir o próximo, mas em todas elas são essenciais o sentimento nobre e o amor sem limites para que nosso trabalho no bem seja elevado ao patamar da *arte de servir*.

No exercício da caridade, no âmbito religioso e familiar, enseja-nos um amplo trabalho a realizar como servidores de Jesus.

A Doutrina Espírita nos concede oportunidades valiosas para exercitar o amor servindo e amparando aos que sofrem. E podemos realizar nosso trabalho com esmero e arte, empenhando esforços na concretização deste ideal sublime que é servir com discernimento e amor.

Vejamos alguns procedimentos que podemos realizar com simplicidade e amor para alcançar o coração de quem recebe a dádiva que já possamos ofertar:

- ✓ No socorro material aos que sofrem a penúria física, doando o alimento que o nutra e o agasalho que o aqueça.
- ✓ Na palavra amiga e carinhosa ao que esteja carente de afeto sofrendo solidão e desamparo.
- ✓ No exemplo edificante que já possamos dar aos que nos observam.
- ✓ Nas lições que enobrecem o caráter, quando alicerçadas na luz do Evangelho de Jesus, ministrando palestras, escrevendo páginas ou livros que ajudem aos que necessitem de orientação para suas vidas.
- ✓ Na acolhida fraterna e amorosa aos excluídos e marginalizados pelo preconceito.
- ✓ No esclarecimento e socorro aos irmãos desencarnados que chegam às reuniões mediúnicas sedentos de paz e atenção.
- ✓ Nas horas que dedicamos com paciência àqueles que nos importunam com suas mágoas e queixas infundadas.

- ✓ Na compreensão maior diante dos que nos acusam injustamente.
- ✓ No perdão sem condicionamentos aos que nos ferem e caluniam.
- ✓ Na dedicação e carinho, usando de nosso tempo para consolar o que sofre na solidão de um leito hospitalar ou no abandono do lar esquecido pelos que ama.
- ✓ No passe e na água fluidificada ministrados com amor que aliviam e recompõem as energias físicas e espirituais.

Enfim, são tantos os gestos de amor que externamos na arte de servir, que poderemos sintetizar todos eles no ensinamento sublime do Mestre Jesus quando nos ensinou com sabedoria:

Amai-vos uns aos outros como eu vos amei.

A montanha de luz...

Existem dias assim. Chuvosos e cinzentos sem a luz do sol a dourar a paisagem que nos circunda.

Diante de nós, a Natureza imensa em seus contrastes e ciclos que se repetem, levando-nos a reflexões e cismares.

Se observarmos nossas emoções e sentimentos, encontraremos similitude com as mudanças que se operam diante de nós na paisagem sombria que nosso olhar vislumbra com tristeza, toldando a visão otimista e a alegria de viver.

Algumas vezes, quedamos desanimados diante dos óbices a vencer como se não tivéssemos condições de superar as crises vivenciais.

Recordações do passado laceram a alma quando nos detemos, apenas, nos fatos negativos e nas perdas sofridas.

Familiares e amigos seguem distantes e quem sabe sofrendo, também, impedimentos e ulcerações na alma sob o látego da dor e da solidão.

Temerosos, diante do futuro incerto, quando nos deixamos levar por pensamentos deprimentes, sofremos o impacto da sintonia com os que alimentam os mesmos pesares e atraímos forças negativas dos dois planos da vida, alterando nosso psiquismo.

O coração inquieto busca o alento da prece, da meditação, como recursos saudáveis e assim, aos poucos, nossa visão fica mais nítida e o pensamento se eleva em gratidão a Deus.

Vencendo as trevas do pessimismo, nosso coração rejubila, abrindo-se como a flor silvestre quando a chuva abençoada cai generosa molhando a terra ressequida. Conseguimos vislumbrar, além do infinito, a luz da esperança e nos reerguemos através da oração.

Temos sede de paz, de amor, de compreensão.

A lucidez nos faz retomar de forma positiva o equilíbrio e o sentido existencial, e reequilibrando a mente conseguimos perceber as vibrações sutis que assimilamos através da respiração ritmada.

Reconhecemos que existe apenas um caminho – a entrega total a Jesus que nos aguarda pacientemente. Somente teremos paz através da interiorização, na viagem que nos leve aos recessos da alma e lá em silêncio se descortine um mundo de emoções e poderes que ainda não conseguimos articular. Compreenderemos, com clareza, as palavras de Jesus: *Brilhe a vossa luz.* (Mateus: 5,16).

O Mestre incita-nos a ter fé e usar essa luz que faremos brilhar através do amor e da generosidade, da compaixão e do perdão, como exemplos vivos diante dos homens, na divulgação de Seus ensinamentos.

Por meio do autoconhecimento, nesta interiorização ao recesso de nós mesmos, poderemos avaliar a intensidade dessa luz.

Silêncio, confiança e entrega.

Calar nossos conflitos e esquecer o que nos preocupa.

Ao adentrarmos este mundo íntimo, quase desconhecido para nós, precisamos nos desvencilhar do que distrai e incomoda, do que aprisiona, libertando-nos das lembranças tristes, das preocupações, das queixas e dissabores que incomodam, dos problemas inquietantes, das pessoas que nos magoam ou criticam.

Aquietar nossa mente e direcionar nosso pensamento apenas no objetivo de estar por uns instantes diante de nós mesmos.

Vamos, nessa viagem íntima, encontrar o Cristo em pensamento, dando-nos a paz e a certeza de que não estamos sozinhos. Ele está conosco, desde que consigamos estar com Ele, neste breve encontro, mas grandioso pelas bênçãos auferidas e pelo imenso amor que sentimos.

Notamos neste instante sublime de meditação mais profunda que as dores vão desaparecendo, as cicatrizes da alma já não nos incomodam, as recordações infelizes desaparecem. Seu amor, interpenetrando nosso íntimo, lava as impurezas de nossa alma e nos dá motivações para prosseguirmos.

Em silêncio, sem dizer uma palavra, Ele nos compreenderá porque nos conhece desde sempre.

Se conseguirmos sorrir confiantes, a fé voltará a florescer em nosso íntimo e Seu amor infinito nos sustentará, dando-nos coragem para seguir ao longo dos tempos.

Retornaremos mais fortes e destemidos, refeitos das agruras e dores da alma, perseverando no bem e no amor aos que nos buscam pelos caminhos do mundo.

Teu coração com Ele, a fim de agires com êxito, no vale do serviço.

Ele contigo, para escalares, sem cansaço, a montanha da luz.[9]

O céu continua cinzento, a chuva cai de mansinho molhando a terra ressequida, o sol se esconde no nevoeiro que recobre a montanha, mas em nosso mundo íntimo brilha a luz do entendimento que permite discernir o que devemos e podemos realizar para continuar vencendo as dificuldades do caminho.

A montanha de luz está nos chamando para a escalada do amor e da compaixão, do cumprimento dos deveres assumidos e da fé operante a fim de vencermos as maiores dificuldades nesta trajetória – as imperfeições morais que nos levam a momentos de inquietação e desalento.

Na meditação e na interiorização do pensamento pacificado pelo amor, encontramos a coragem para seguirmos otimistas tendo Jesus por Mestre incomparável a nos apontar *o caminho da verdade e da vida.*

---

[9] - Francisco C. XAVIER, *Caminho, verdade e vida*, cap. 168.

A ÚLTIMA VIAGEM

Viajamos tantas vezes juntas nestes últimos anos.

Jamais poderíamos imaginar que nossa última viagem seria feita de forma tão diversa que as anteriores e que eu voltaria sozinha.

Você já havia partido como um pássaro voejando rumo ao infinito e eu permaneci, apenas, com seu corpo inerte ao meu lado no avião que nos trazia de volta. Uma coragem tão grande, como nunca tivera antes, se apoderou de mim!

Ainda voando, de encontro às nuvens e acima das montanhas altaneiras de nossa terra, não tive medo e nada mais importava, senão estar ali, apoiando meu braço no esquife que abrigava seu corpo.

Orei contritamente por você, com fé tão imensa e certeza imensurável de que você estava livre, em paz e acolhida pelos amigos espirituais e familiares que a aguardavam de retorno ao Lar.

E recordei as outras viagens quando receosa, no momento da decolagem do avião, segurava suas mãos e sentia-me protegida. Lembrei de você sorrindo, com certa superioridade, diante de minha fraqueza.

Gostávamos de conhecer lugares distantes, vislumbrar novos horizontes e contemplar a Natureza ao alvorecer ou em tardes que se alongavam nas praias de nosso Brasil.

Sua presença e seu apoio fraterno ergueram-me para novas tarefas, e juntas realizamos algumas viagens para divulgação doutrinária e outros eventos espíritas.

Descrevo nossa última viagem como uma etapa que vencemos juntas e que culminou com a aceitação serena de uma separação que sabemos ser transitória.

Ainda sobrevoando nossa cidade, antes que o avião pousasse, eu meditava na transitoriedade da vida física e na importância de estarmos preparados para essa transição inevitável.

E recordando aqueles momentos resolvi repassar para você, estimado leitor, na visão espiritualista, alguns esclarecimentos sobre este assunto que muitos evitam, todavia, todos nós iremos vivenciar um dia.

A introdução deste capítulo descreve uma viagem. Fala da gratidão, da certeza da imortalidade e do nosso retorno à morada do Pai.

Devemos sempre pensar na morte como essa viagem que faremos um dia, e desde sempre há de se preocupar o homem com sua bagagem e o que irá ajudá-lor na transição e chegada a esse mundo real e permanente que existe nesta dimensão além da vida.

Os pensamentos de gratidão e as preces que formulamos para os que partiram para o além são eficazes e benéficos para quem os formula e para quem os recebe.

Falando dessa viagem intransferível que iremos realizar um dia, recordo lições edificantes hauridas nos ensinamentos espíritas quando ainda muito jovem já me preocupava com nossa destinação espiritual, compreendendo que ela seria coerente com nossa vivência aqui na Terra.

Compreendi que a morte não nos transforma em santos ou demônios e que aprendendo a viver estaremos nos preparando para um morrer sem grandes sofrimentos e uma chegada mais tranquila ao mundo espiritual.

A cultura oriental apresenta conceitos muito semelhantes aos ensinamentos dos espíritos, com relação à morte e à necessária preparação para o desligamento dos despojos carnais.

Assim pensando, eles ensinavam que para que aprendêssemos a morrer era necessário viver uma vida dentro de normas e comportamentos adequados, liberando o espírito das cadeias do egoísmo, dos sentimentos negativos, aprendendo a arte do desapego tanto das coisas materiais quanto das pessoas que constituem nosso grupo familiar e de amizade.

Aprender a morrer é coisa que poucos se preocupam em nossa cultura ocidental.

Infelizmente, em sua maioria, cogita-se mais das conquistas materiais e do excessivo apego aos bens transitórios, que dos valores do espírito imortal.

Toda fixação mental nos aprisiona ao objeto ou pessoa amada.

Assim, o amor deve ser alicerçado na liberdade, no despojamento, no sentimento nobre da compreensão e no desejo sincero de fazer feliz a quem se ama.

Muitos espiritualistas já avançam no caminho da libertação, buscando a iluminação interior, sublimando e educando sentimentos, e por meio do autodescobrimento se dispõem a uma vida mais equilibrada que facilitará, certamente, sua desencarnação quando finalizar seu ciclo biológico.

Jesus, falando sobre os valores morais, aqueles que deveriam ser preservados e cultivados, nos disse que *a boca fala do que está cheio seu coração* (Mateus: 12,34) e já sabemos que o coração sente e antes que o cérebro registre o que sentimos, poderemos disciplinar nossas cogitações mais íntimas, emitindo pensamentos nobres e construtivos.

> A ação do pensamento na vida do homem que o utiliza é tão vital quanto o Sol nas células, na vida...
> O fatalismo biológico estabelecido mediante o nascer, viver e morrer ou transformar-se é inexorável.
> Aprender a utilizar-lhe o ciclo, a fim de formular e conseguir metas iluminativas para o Espírito eterno, eis o que cumpre realizar, todos aqueles que se empenham na conquista da vida em si mesma, além das conjunturas celulares.[10]

Assim, estimado leitor, aprendamos a viver para que nos eduquemos para morrer com serenidade íntima, conquistada numa vivência plena de realizações enobrecedoras à luz do Evangelho de Jesus, dedicando-nos com coragem na eliminação dos sentimentos negativos que perturbam nossa ascensão espiritual, libertando-nos das cadeias do egoísmo e do orgulho que nos impedem de conquistar os valores reais do Espírito imortal.

Se nossa destinação é morrer para viver em plenitude, vamos desde agora procurar a libertação de nossas almas, sem angústias ou receios, confiantes de que continuaremos nossa trajetória evolutiva em idas e vindas que se sucedem na poeira dos tempos.

---

[10] - Divaldo FRANCO, *Temas da vida e da morte*, cap. "Morrendo para viver".

Abrindo as portas do coração!

Infelizmente, no afã de tudo conquistar, o homem perde os melhores momentos de sua vida distante do que o faria plenamente feliz.

A celeridade com que passam os dias no mundo moderno leva-o a se distanciar da felicidade real, quando há procura, apenas, das coisas efêmeras e transitórias.

Costumo meditar quando amanhece e o sol desponta no horizonte, dourando a paisagem, ou mesmo em dias chuvosos, sentindo a leveza do ar umedecido pela neblina. Amo a Natureza e não me canso de admirar sua mutabilidade e constantes ciclos que se renovam demonstrando a grandeza da vida e seu poder de alterar caminhos, paisagens e cores.

Sentimentos mais sutis e harmoniosos assaltam minha mente quando em reflexões percebo o poder do amor de Deus para com suas criaturas.

Fomos criados simples e ignorantes, entretanto, destinados à perfeição através do desenvolvimento moral e intelectual nas vidas que se sucedem. Todavia, descuidamos de nosso futuro espiritual.

O Amor e a solicitude de Deus para com todos nós se revelam nas pequenas coisas, se observarmos com os olhos da alma e nos deixarmos levar pela emoção diante de tudo o que

Ele nos concede. Certamente, essas concessões visam ao nosso progresso moral.

Gostaria, estimado leitor, de levá-lo à compreensão mais ampla em torno da beleza da vida e que encontre dentro de si o estímulo para prosseguir na trilha das soluções que seu coração inquieto formula.

Se mantivermos pensamentos edificantes na busca de elucidações que nos respondam às inquirições da alma aflita diante das decepções e incompreensões humanas, geradoras de conflitos e dissensões, sairemos reconfortados e mais esclarecidos pelas lições edificantes do Evangelho de Jesus.

Ainda impera o egoísmo no coração humano!

É inadmissível que após tantas conquistas que enaltecem a ciência e a tecnologia moderna, facilitando o entendimento e a comunicação, ainda existam aqueles que se fecham no egocentrismo e na incompreensão dos direitos alheios.

Ao observarmos a Natureza com suas mudanças e alterações constantes, compreendemos que nada é permanente no ser humano e que estamos em processo de transformação e desenvolvimento moral.

Por meio do autoconhecimento conseguiremos, se assim o desejarmos, analisando nosso mundo íntimo, realizar a reparação de nossos erros, retificando o caminho a percorrer.

Se conseguirmos chegar a este estágio, surgirá para nós nova perspectiva de vida.

Os que não alteram para melhor, espontaneamente, encontrarão nos percalços do caminho, na dor e nas perdas a modelagem necessária para eliminação do egoísmo e da vaidade que corroem os ideais de enobrecimento.

Há de se abrir as portas do coração.

A chave é o Amor.

Deixar aflorar o sentimento enobrecido do amor para com todos os semelhantes, como filhos de Deus, herdeiros de um novo mundo de paz e solidariedade cristã.

Sentir o amor em sua plenitude e se impregnar de vibrações suaves e harmoniosas que florescem no coração como dádivas de luz e esperança de um mundo melhor.

Diante dos sofredores do caminho, deixar o amor tanger as fibras de seu coração ao falar, ao confortar ou ao doar um pouco de si e sentir-se impregnado da vibração suave que lhe dará condições de ajudar quem precisa de você.

No relacionamento diário, seja no meio profissional ou em seu lar, na comunidade religiosa ou na rua, abrir as portas de seu coração para que dele irradiem as benesses de que você já é portador e dividi-las com seu próximo, através da gentileza, da solicitude e da generosidade.

Sob o toque suave do amor que exprime o belo e a ternura com que Deus nos proporciona as oportunidades de viver harmoniosamente, você será o maior beneficiado quando se deixar levar pela espontânea delicadeza dos gestos que amenizam a dor alheia, numa demonstração de que você já venceu dentro de si o egoísmo que destrói e afasta o ser humano de sua destinação espiritual. E se sentirá em paz e feliz, mesmo diante das lutas do cotidiano, porque já terá em seu coração generoso a bênção do reconhecimento pela dádiva da vida em seu processo imensurável de renovação.

Compreenderá, finalmente, que é filho de Deus, Pai Amoroso e Bom, o que o distingue como herdeiro de tudo que o cerca.

Com esse entendimento reconhecerá que a verdadeira riqueza está nos valores morais, reais e imperecíveis, que poderá desenvolver através do Bem e do Amor!

E em cada amanhecer, sinta-se grato a Deus diante de novo dia!

Caminhe com fé e esperanças renovadas rumo ao seu destino maior!

Como definir a amizade?

Difícil precisar quando a amizade floresce no coração.

Passa a existir mais intensamente em determinado momento e funciona como se existisse a vida toda.

Almas afins que se reencontram e sem qualquer dificuldade; tudo o que se fala ou planeja denota que é um recomeço, um reiniciar de algo já vivido.

Sei, entretanto, que surge com mais intensidade quando precisamos de alguém ao nosso lado, enxugando nossas lágrimas e confortando o coração.

Diante de um sofrimento por uma enfermidade, uma dor moral causada pela perda de um ente querido ou pelo abandono dos que amamos, o amigo está ao nosso lado, acolhendo-nos com paciência e desvelo.

Não tenho como definir uma amizade verdadeira nem pesquisar sua origem, porque é tão espontânea e vai se firmando pouco a pouco, ocupando espaços vazios ou mal preenchidos, iluminando a estrada que antes era ensombrada pelas nuvens do sofrimento e da incompreensão.

A verdadeira amizade não cobra lembranças de datas do primeiro encontro, da primeira viagem porque, como dizem os poetas, amizade tem a memória alforriada. Assim, não damos presentes comemorativos, mas sim aqueles que temos a certeza de que os farão felizes e não lamentaremos os esquecimentos ou lapsos.

Apesar de ser tão simples não é fácil conquistar uma amizade sincera e mais difícil, ainda, é mantê-la durante toda a vida. É toda uma cumplicidade, um estar presente nos momentos mais críticos, vigilante, defendendo-nos do perigo, adivinhando nossos desejos e necessidades com a mesma lealdade na alegria e nos momentos de tristeza, quando o coração dói diante da perda ou em momentos de saudade dos que partiram para outra dimensão da vida.

Os amigos não se afastam de nós, mesmo quando estamos em crise, sem vontade de falar ou quando nos detemos diante dos deveres horas a fio, escrevendo, preparando as tarefas empenhadas. Não reclamam nem cobram atenções, não nos deixam sem jeito quando nos sentimos inseguros ou com medo, aliviando nosso coração com palavras de incentivo, induzindo-nos a prosseguir, dizendo: *você vai conseguir, realize o que pretende, não tenha receio, confie.*

Oram conosco em noites de abandono e tristes recordações.

Consolam nosso coração, buscando na prece e nos recursos espíritas o lenitivo para nossas dores morais ou físicas.

Para descrever uma amizade sincera, busquei inspiração nos gestos de solicitude e generosidade de amigos que me acolheram em momentos difíceis. Alguns já estão em outra dimensão da vida. Outros permanecem fiéis ao meu lado, e oro por eles com gratidão a Deus, todos os dias. Gosto de designá-los tais quais amigos de sempre.

Todos nós tivemos amizades assim ou, ainda, temos.

Quando conquistamos aqui na Terra uma amizade com as características descritas acima, é como se atravessássemos uma barreira que poucos conseguem e nada mais importa, porque a afinidade irá nos aproximar cada vez mais, justificar a presença constante.

Nesses derradeiros anos de minha vida, agradeço a Deus a presença de amigos e companheiras das lides espíritas que me incentivam e ajudam na realização de estudos, preparando palestras e seminários, participando de tarefas na Casa Espírita, vivenciando momentos de paz e lazer saudável nas viagens e confraternizações do Movimento Espírita.

Amizades assim enriquecem a vida e propiciam momentos de felicidade. Não aquela que se destaca pelo brilho efêmero da conquista de glórias ou aprovações dos que não sabem o valor de ter alguém solidário e generoso ao nosso lado, quando todos estão ocupados com suas vidas e realizações de projetos que não se coadunam com nossas aspirações.

Somente os laços afetivos sublimados pelo amor perduram.

Quando atravessamos fases difíceis e as superamos, o sofrimento nos elucida e indica que é hora de alterar certas atitudes, vencer novos desafios e recomeçar, buscando novos interesses que nos motivem a viver com otimismo e serenidade íntima.

Nesses dias, quando muitos se deixam levar por amizades virtuais, sem sentido e, algumas falsas em suas insinuações, desvirtuando os valores reais de uma felicidade plena, vale muito ter uma amizade sincera alicerçada no respeito mútuo e na sinceridade das intenções.

Amizade assim é uma prova de que podemos ser felizes, mesmo sabendo que nada é eterno, tendo o suporte necessário para estarmos bem e nos ajudando mutuamente a prosseguir com fé e otimismo pelos caminhos da vida, em todos os tempos!

Lutas e desafios existenciais...

A ONU, ao lançar a Declaração dos Direitos Humanos, reafirmou a importância da ética como instrumento regulador das relações sociais. Na conceituação espírita, encontramos, bem antes desse documento, Kardec colocando a educação moral como a única solução para os graves problemas humanos.

Atualmente, as questões sociais estão agravadas pela ambição desmedida, pela sede de poder, pelo egoísmo gerando violência e conflitos intermináveis, porque frutos do egoísmo e do orgulho que somente serão exterminados da Terra quando os homens estiverem unidos pelos laços da fraternidade e do amor sem fronteiras, sem preconceitos ou discriminações que, infelizmente, ainda vicejam nas relações humanas.

Em todo o mundo, assistimos a tendências belicosas dos grandes líderes políticos em nome de uma pretensa paz, como se ela pudesse ser conquistada com mais violência e desrespeito aos direitos alheios.

No Brasil, infelizmente, a distorção da ética evidenciando comportamentos perturbadores, com escândalos de grandes proporções, crimes à ordem pública e violência urbana, mostrando por meio da mídia uma avalanche de vícios morais, oriundos da inferioridade do ser humano no enfrentamento de questões graves de difícil solução em curto prazo, como o tráfico de drogas, a prostituição infantil, o comércio ilícito atrasando sobremaneira o equilíbrio econômico e social.

As mudanças sociais que são processadas com mais intensidade em nossos dias, pela facilidade de aproximação das pessoas e países, dos costumes e culturas de todo o mundo, requerem mais cuidado e observância dos valores éticos que deverão nortear nossa conduta.

O avanço tecnológico, ao encurtar distâncias, gerou a globalização e requer de cada um de nós mais senso de justiça e discernimento na avaliação das coisas, para que não nos percamos nos labirintos da dúvida em relação aos costumes e aos procedimentos sociais norteados pela moral cristã.

A educação moral é essencial para a evolução do ser espiritual.

É constrangedor o quadro social na atualidade, mostrando para todos nós os desafios existenciais em forma de comportamentos perturbadores, ausência de amor e fraternidade, indivíduos sem objetivos superiores preocupando-se apenas com o aspecto material da vida.

Recorrendo aos ensinamentos espíritas que nos oferecem recursos saneadores e o profundo conhecimento em torno da nossa realidade espiritual, podemos constatar que nosso planeta sofre a grande transição imposta pela necessidade de mudanças reais em sua estrutura física e espiritual. Kardec nos advertiu em relação a tudo o que ocorre na atualidade. No livro *A Gênese*, cap. XVIII, it. 9 encontramos na mensagem do Doutor Barry a afirmativa da transformação da Humanidade que após as crises vivenciais dolorosas e perturbadoras sucede-se um período de progresso material e moral.

E no item 19, encontramos: *Somente o progresso moral pode assegurar aos homens a felicidade na Terra, refreando as paixões más; somente esse progresso pode fazer que entre os homens reinem entre a concórdia, a paz, a fraternidade.*[11]

Ao observarmos as colocações inseridas nos itens – "Sinais dos Tempos" e "A Geração Nova" da obra citada, entendemos que somente a reformulação moral da humanidade modificará as disposições atuais e todas as vicissitudes que imperam nas diversas camadas sociais, provenientes do materialismo, da falta de religiosidade, do apego demasiado aos bens materiais e do desequilíbrio das emoções.

Nenhum código moral supera os ensinamentos de Jesus recomendando o amor como o método infalível na conquista do crescimento espiritual. Objetivar a perfeição demanda esforço constante na superação do egoísmo – geratriz de todos os males que afligem a humanidade – no exercício do perdão e da tolerância.

A busca constante do aprimoramento moral nos leva ao autoconhecimento, à superação das dificuldades que tentam impedir nosso avanço na senda do bem, a alçar voos mais altos na concretização de nossos ideais enobrecedores. Nunca poderemos deter a marcha do progresso moral, contribuindo sempre, mesmo que seja pequena e despercebida nossa parcela, para um mundo melhor, mais pacífico e mais solidário.

A crença na imortalidade da alma, o conhecimento das vidas sucessivas e da lei do progresso são subsídios valiosos na luta que empreenderemos com nossas imperfeições morais, com nossas dificuldades de relacionamento, motivando-nos sempre ao perdão, à generosidade e à compreensão, e isto torna menos árdua nossa caminhada.

---

[11] - Allan KARDEC, *A gênese*, cap. XVIII, item 19.

> Jesus, consciente da missão que veio desempenhar, na Terra, conclamou as massas à responsabilidade, aos elevados significados da vida, ao mesmo tempo buscou a identidade de cada discípulo, trabalhando pela sua humanização e insistindo na valorização dos conceitos éticos da existência, a fim de levá-lo a uma perfeita integração no programa libertador de si próprio, primeiro, e da sociedade, depois.[12]

Não conseguiremos de imediato a libertação, mas com esforço e perseverança atingiremos o estágio ideal que nos habilitará a vencer os maiores entraves ao nosso progresso moral.

Temos em Jesus o modelo e guia a nos apontar o caminho da verdade e da vida. Em Suas lições encontramos o roteiro para caminhar com segurança e fé, antevendo o futuro espiritual que nos aguarda se, realmente, nos libertarmos do passado e vivermos a vida em toda a sua plenitude através do amor e da generosidade.

---

[12] - Divaldo FRANCO, *Momentos de iluminação*, cap. 6.

CRESCER E SER FELIZ

O autoconhecimento preconizado desde a mais remota antiguidade pelo grande filósofo grego no – "conhece-te a ti mesmo" – é o caminho que nos leva ao desenvolvimento moral e à plenitude da vida.

Sócrates e Platão, precursores do pensamento cristão, preparavam o solo para a sementeira futura de Paulo – o apóstolo dos gentios – que levaria aos pagãos os ensinamentos de Jesus.

Nos dias modernos o pensamento espírita, consoante as lições de Jesus e o avanço marcante da psicologia transcendental com as obras de Joanna de Ângelis, oferece-nos subsídios valiosos para a reformulação de nossos atos e eliminação dos hábitos viciosos que retardam nosso avanço espiritual.

O conhecimento de nossa personalidade é um fator de suma importância para o desenvolvimento de nossas potencialidades e correção dos vícios morais.

Joanna de Ângelis disserta em suas obras como fazer esta viagem introspectiva e eliminar todos os entraves à conquista da paz e da felicidade real.

Quando adentramos a este mundo quase desconhecido não devemos nos tornar depressivos diante dos inúmeros problemas que ainda nos atormentam pela fragilidade de nossa coragem às mudanças necessárias nem fugir da realidade do que somos, assumindo nossas fraquezas e tentando nos fortalecer pela superação e pela reparação das faltas pretéritas. Trata-se de um caminho que precisamos desbravar, sem falsas colocações ou fugas, retardando o conhecimento real de nossa personalidade.

Joanna de Ângelis leciona:

> Isso será feito através de uma penetração no inconsciente para ali encontrar os fantasmas persistentes das frustrações e dos medos, dos problemas infantis não solucionados, e até mesmo de algumas matrizes de outras reencarnações que interferem no comportamento atual.[13]

Por outro lado, de forma positiva, estarão nos influenciando para o crescimento as imensas possibilidades adormecidas, as ideias inatas, as conquistas já sedimentadas que nos colocam em condições de superar as dificuldades atuais.

Infelizmente teremos muitos impedimentos a vencer:

- ✓ O apego excessivo às coisas e pessoas.
- ✓ O medo diante do enfrentamento de nossas faltas a serem corrigidas.
- ✓ A falta de humildade no reconhecimento de nossa condição espiritual ainda distante do que aparentamos ser.

---

[13] - Divaldo FRANCO, *Momentos de iluminação,* cap. 9.

- ✓ O orgulho que nos impede de enfrentar nossos medos e fragilidades, confessando-nos uns aos outros.
- ✓ A intolerância com os que caminham conosco.
- ✓ A crítica destrutiva e a não aceitação do julgamento com que nos analisam os que são realmente sinceros.
- ✓ A ausência do amor, da gentileza e do perdão nos hábitos diários.

Todos estes fatores nos deixam infelizes na mesma medida que infelicitamos os outros quando poderíamos ser mais comedidos e fraternos, aliando-nos aos que estão ao nosso lado, compreendendo-os sem cobranças ou lamentações.

Agindo assim seremos os maiores beneficiados.

O autoconhecimento proporcionará ampla compreensão de nossa realidade, facilitando nosso relacionamento, e a vida será mais promissora. Seguindo a linha de comportamento que nossa consciência lúcida faculta, teremos maiores possibilidades de compreender o que, realmente, somos e o objetivo de nossa existência.

Quando já passamos por uma experiência difícil na vida, compreendemos melhor os que enfrentam o mesmo problema. Quando já sabemos e lutamos para erradicar de nosso mundo íntimo as imperfeições morais, somos mais condescendentes com os que caminham conosco e apresentam os mesmos erros e as mesmas necessidades que defrontamos.

> Esse esforço, ao invés de isolar os indivíduos, aproxima-os uns dos outros, desenvolvendo a solidariedade e o interesse de iluminação que devem a todos atingir. (...). Urge que rompas as amarras com a comodidade ou a depressão, com a revolta ou a má vontade: que te resolvas crescer e ser feliz.[14]

Portanto, querido irmão, se você é daqueles que somente vê os erros e inferioridades do outro, esquecido de suas fraquezas e lutas íntimas, não se esforçando para uma introspecção que o leve a entender suas limitações, desperte e busque desenvolver a humildade e a solidariedade, rompendo com o comodismo inadequado que o deprime e o infelicita.

Mesmo diante do sofrimento, das lutas acerbas, das perdas e da incompreensão dos que amamos, teremos a coragem de aceitá-los com humildade e fé, reconhecendo a função educativa da dor como veículo de desenvolvimento moral que fortalece nosso espírito para enfrentamentos mais árduos e dores mais intensas, conseguindo sobreviver com o coração sereno, inundado de paz e amor diante da vida imperecível que nos aguarda.

E dessa forma, vamos caminhando sempre, visando à nossa destinação como espíritos imortais, sem nos deter em lamentações ou fugas a fim de vivermos o hoje intensamente, usando as experiências do passado por apontamentos valiosos que impeçam o fracasso, confiantes no futuro que nos aguarda, laborioso e feliz – o que dependerá unicamente de nós.

---

[14] - Divaldo FRANCO, *Momentos de iluminação,* cap. 9.

Final de ano...

Diante do mar de Copacabana fluem recordações e as deixo chegar à minha mente como as rajadas de vento, passando céleres como os pássaros que voejam no firmamento azul. Aos poucos, as lembranças dispersam-se no ar, numa catarse que purifica minha alma e libera meu coração de qualquer sentimento que não seja a gratidão.

Saudades e alegrias se mesclam em emoções, dando-me uma visão tão diferente deste recomeçar diante da paisagem tão amada e de gratas recordações.

Finalizando mais um ano, a esperança acalenta nossas almas.

Balanço das emoções, das perdas e vitórias alcançadas neste caminhar tão pleno de surpresas e encantamentos pela singularidade das situações nesse entardecer da vida.

Mas prosseguir é preciso, buscar no amor e na fé a alegria de viver, sem desistir de ser feliz, mesmo que a felicidade fugidia não seja constante, porque efêmera é a sensação de se estar bem em plenitude aqui na Terra.

Meu pensamento se fixa no momento atual; após muito vaguear pelos meandros da memória, diante dos fatos menos marcantes e sem lamentações, deixo que eles prossigam armazenados e distantes do agora.

Nesse momento tão significativo em que passam as horas na espera de novo tempo que se anuncia feliz, com promessas de paz e sonhos realizáveis, afasto a tristeza e a saudade e fico apenas com a ausência indefinida dos que amo, nas imagens do coração...

Caminhando pela calçada, contemplo as pessoas estranhas que cruzam meu caminho e imagino suas vidas, seus sonhos, o que desejam para este novo ano e oro por todos nós, filhos de Deus, que reconhecemos o valor de estarmos conectados com este Pai que é Amor e sabe o que melhor nos convém na senda do progresso moral.

Mas quantos ainda desconhecem o valor da prece, do amor que vige em cada um de nós, da gratidão e do sentimento enobrecido diante da vida – bênção divina!

Quantos se perdem pelos descaminhos da dúvida, da insensatez e da indiferença.

O sentido existencial nos desperta para as diretrizes dos ensinamentos do Mestre Jesus que suavizam as dores da alma, das provas e ressarcimento das dívidas pretéritas e nos dão a consciência lúcida diante de nossos deveres para com o próximo e para com a vida.

Neste caminhar diante do imensurável retratado no mar que se movimenta em ondas calmas, que chegam e refluem na areia branca, somos tão pequenos ante a grandeza infinita de Deus.

Deixo a emoção fluir mais intensamente. Lágrimas caem suavemente em meu rosto, e o vento acaricia meus cabelos como se entendesse o que sinto, suavizando este desejo imenso de alçar voos mais altos na direção da luz que me convida a seguir, sem descanso, na busca do ideal que acalenta minha alma.

Anoitece, celeremente passam as horas.

Uma multidão se aglomera na praia, nas calçadas buscando um lugar mais acessível para aguardar a queima de fogos, a virada do ano que não tarda.

A meu lado, apenas uma amiga, que me acompanhou nessa viagem, possibilitando-me assistir pela primeira vez a esse espetáculo que deslumbra e encanta a todos nós.

Nenhum rosto conhecido ou pessoa que já tenha visto antes nesta multidão que está mais próxima de mim. Penso na grandeza de Deus, que nos irmana nesse mesmo desejo, neste momento, dando-me a nítida certeza de que somos irmãos, de que já nos conhecemos e estamos no mesmo caminho, buscando a ascensão espiritual em vidas que se sucedem na linha da evolução.

Chega o momento culminante da noite e todos nos abraçamos como amigos fraternos, sorridentes e confiantes! Olhamos para o céu que nos responde em cascatas de luz e estrelas coloridas num espetáculo magnífico a saudar esse novo tempo!

As palavras não conseguem traduzir o que sentimos.

Posso, apenas, dizer que ficamos extáticos, contemplando a beleza de tudo o que nos circundava, mantendo em nosso íntimo sentimento de gratidão a Deus, enquanto o amor transbordava de nosso íntimo na direção dos que estavam, como nós, em sintonia com os elevados propósitos da vida.

Pensamentos fluem em minha mente questionando a vida e as emoções sentidas.

Por que não nos comportamos assim o ano todo?

Por que somente extravasamos a emoção e o sentimento fraterno em situações de extrema felicidade ou de dor imensurável?

Por que tememos externar a bondade e a gentileza que são virtudes da alma, tão escassas hoje em dia?

Creio que é medo de demonstrar fraqueza, pieguice ou sensibilidade, o que nos tornaria vulneráveis aos outros sem saber como agiriam em resposta aos nossos sentimentos mais nobres e delicados, como seres humanos.

Por outro lado, faltam ainda ao ser humano a fé e a confiança em Deus que lhe dariam outro sentido existencial e a humildade para aceitar que somos iguais com a mesma destinação espiritual!

Falta-nos a pureza de coração, a simplicidade e a consciência lúcida de nossa condição moral.

> É muito difícil, desse modo, ser simples e, ao mesmo tempo, conservar-se puro, quando enxameiam os apetites insaciáveis da sensualidade, da ambição, da prepotência, da vilania, (...).
> Cada criatura é o que realiza interiormente, suas conquistas intelecto morais, que a tornam mais encantadora e gentil, afável e simples, de forma que pode contribuir com naturalidade em favor das mudanças que devem ocorrer no contexto da sociedade, ombreando-se com os dedicados servidores do progresso, sem qualquer distinção ou preferência de destaque.[15]

---

[15] - Divaldo FRANCO, *O amor como solução*, cap. 19.

E ao refletir em torno das lições edificantes da nobre mentora espiritual Joanna de Ângelis, oro a Jesus, rogando por todos nós e em paz chego ao meu destino com a luz da esperança iluminando meu coração.

Confesso que jamais esquecerei aquela noite em que as forças da Natureza exuberante e bela se confundiam com as luzes dos fogos de artifícios, emoldurando a praia onde aguardávamos o renascer de novo tempo!

E o brilho fulgurante no olhar de minha amiga que a meu lado também orava a Deus em agradecimento pelas lições edificantes que a vida nos concedia, quando já despertamos para os valores imperecíveis do Espírito imortal.

Recordei-me de um pensamento da mentora espiritual Joanna de Ângelis, após aqueles momentos inesquecíveis de confraternização:

Demonstra vida e sê afável com todos. Far-te-á um grande bem o ato de amar.[16]

E surgia o novo ano de 2013 com promessas de paz e realizações enobrecedoras!

---

[16] - Divaldo FRANCO, *Viver e Amar*, cap. 9.

A ARTE DE OUVIR

A arte de ouvir é, também, a ciência de ajudar...[17]

Nem sempre sabemos ouvir com atenção e nos distraímos em pensamentos esparsos, principalmente, quando o assunto do outro não nos interessa. Por outro lado, desejaríamos que nos dessem atenção e ficamos aborrecidos quando nos interrompem ou não se interessam pelo assunto que expomos.

Simples e oportuno recordar a interdependência da vida colocando-nos diante de nossas necessidades reais na escola do mundo.

Esforcemo-nos, portanto, na arte de saber ouvir para que tenhamos ouvintes atentos quando emitirmos opiniões, expressarmos nosso pensamento para esclarecer ou receber ajuda.

A arte de ouvir demanda educação dos sentimentos, gentileza e correção de propósito no trato com os nossos semelhantes, que muitas vezes nos procuram sedentos de esclarecimento, de orientação ou apenas desejosos de externar seus problemas a fim de se sentirem mais aliviados da preocupação que os atormenta.

Requer boa vontade e paciência saber ouvir o que o outro tem a dizer. É um gesto caridoso acompanhar sua narrativa com atenção, sem interrupções desnecessárias ou complementos do que ele fala, denotando pressa ou pouco interesse.

---
[17] - Divaldo FRANCO, *Episódios diários*, cap. 17.

Na vida de relação somos, diariamente, procurados por alguém que tem algo a dizer ou perguntar, seja no grupo familiar, na área profissional ou na comunidade religiosa e, quase sempre, apressados, respondemos com monossílabos, expressando pouco interesse na fala do outro, colocando-nos em posição de indiferença ou superioridade e, assim, afastando o interlocutor, sem beneficiá-lo com um minuto de nossa atenção.

Quando, ao contrário, ouvimos com paciência aquele que deseja falar, seja expondo um problema vivencial ou alguma dificuldade moral pela qual esteja passando, exercitamos a caridade de ouvir com amor e boa vontade, ajudando realmente quem vem nos procurar.

No lar, evidenciamos nossa condição moral e espiritual quando tratamos os familiares com a mesma atenção que dispensamos àqueles que não estão diariamente conosco, de forma ocasional na sociedade ou na instituição religiosa a que pertençamos.

Levados pela rotina do dia a dia e pela presença constante dos que constituem nossa família, esquecemos de ser gentis, de ouvir com paciência, de orientar os mais próximos, de usar amor e compaixão, do mesmo jeito que desejaríamos que agissem conosco.

Confesso que, quando mais jovem, não fui uma boa ouvinte.

Em tempos mais recuados, sempre apressada com os deveres do lar, da vida profissional e dos labores espíritas, não detinha a paciência que hoje tenho quando alguém me procura para conversar ou esclarecer algo.

Ao longo dos anos, aprendi a ouvir com mais interesse, oferecendo o meu tempo com gentileza para que pudessem falar, e quando possível ajudar a solucionar problemas.

Hoje, eu sei o quanto posso ajudar quando ouço com atenção o meu irmão que sofre, o que me procura desorientado e triste, o que se sente sobrecarregado de problemas e, aflito, busca minha companhia para falar e assim desafogar sua mente da angústia ou da tribulação que o incomoda.

Joanna salienta:

> Concede a quem chega, a honra de o ouvir.
> Não te apresses em cumulá-lo de informações, talvez desinteressantes para ele.
> Silencia e ouve. (...).
> Sê gentil, facultando que o ansioso sintonize com a tua cordialidade e descarregue a tensão, o sofrimento.[18]

Com o mesmo prazer que ouvimos o amigo que nos elogia o trabalho ou reconhece nosso esforço na concretização de um projeto profissional ou na tarefa espírita, devemos ouvir os que chegam, necessitando de nossa companhia por alguns minutos, para expor sua preocupação ou problema. Uma atitude cristã, condizente com nossa qualificação religiosa, será sempre a da atenção caridosa que alivia, minimiza a dor que constrange.

Ouvir, do modo que aconselha a benfeitora espiritual Joanna de Ângelis, se traduz por arte que poderemos desenvolver sempre na condição de servidores do bem, alicerçados no

---
[18] - Divaldo FRANCO, *Episódios diários*, cap. 17.

Evangelho de Jesus, o roteiro seguro que leva à fé, ao cumprimento dos deveres e à preservação da paz, onde estivermos.

Querido leitor, se você se impacienta com os que lhe procuram sequiosos de atenção, procure entender sua posição atual. Avalie suas condições de ouvinte, capaz de entender e compreender o outro, porque amanhã poderá ser você que necessite da boa vontade de alguém para ouvir suas angústias e seus males.

A CARREIRA DA ALMA...

Somos Espíritos imortais destinados à perfeição, entretanto, nos diferenciamos pelas condições com que caminhamos na conquista do progresso moral.

Ao observarmos a vida em sua diversidade, notamos que alguns correm apressados, distanciando-se de seus semelhantes ao longo da estrada, mantendo-os afastados e indiferentes. Prosseguem com suas conquistas efêmeras e transitórias sem um sentido existencial.

Outros caminham, buscando a concretização de um ideal, no entanto, muitas vezes tentam retardar os passos dos companheiros que estão na mesma estrada, com gestos de incompreensão, de exigências absurdas ou solicitações inoportunas no intuito de retê-los já que não os conseguem acompanhar.

Existem, ainda, os competidores que anseiam pela mesma chegada, mas nem sempre se portam feito irmãos e obstruem a passagem dos que avançam, complicam o roteiro com as pedras da crítica destrutiva e das falsas indicações que os fazem perder longo tempo e energia.

Contudo, o cristão decidido, que não se deixa abater pelas dificuldades e já possui a luz do discernimento e a força do trabalho no bem, caminha resoluto, prossegue, embora o cansaço que cerceia seus movimentos o distancie da meta almejada.

O apóstolo Paulo, falando aos Hebreus: (12,1), nos concita a correr e a perseverar quando diz:

Deixemos de lado todo impedimento e pecado que tão de perto nos rodeiam e corramos com perseverança a carreira que nos está proposta.

O pensamento de Paulo, em se referindo aos jogos gregos de sua época, embora atendesse tão somente nesta analogia ao gesto inicial dos competidores, que se desvencilhavam de toda a indumentária pesada que dificultasse a corrida, serve-nos de uma visão da empreitada a ser tomada quando decidimos alcançar os cumes da ascensão espiritual.

Simbolizando nossa evolução, ontem e hoje, estamos diante de vários obstáculos como desafios na vida de relação no lar, no ambiente de trabalho e nas lides doutrinárias.

Costumo reler certos artigos que escrevi, publicados há vinte ou trinta anos, em revistas espíritas, e me deparo com os mesmos problemas e as mesmas lutas que ameaçam a unificação de propósitos com que devemos agir – como cristãos em nossas casas espíritas. Mudam as pessoas, transformam os personagens, passam os anos e os problemas se repetem iguais a um seriado contínuo, ininterrupto.

Quando adentramos a velhice, permanecendo atentos aos acontecimentos, já sabemos, por experiência, que os problemas são gerados pela imperfeição humana, pela falta de humildade e despreparo dos condutores das entidades espíritas, em sua maioria com boa vontade, mas carentes da formação doutrinária que, alicerçada no estudo contínuo da Codificação Espírita e na vivência do Evangelho de Jesus, molda as almas e as prepara para estas tarefas.

Os impedimentos são mais frequentes no início da jornada, talvez porque, sendo menos graves e sutis, distraiam o viajante, retardando-o à conquista do ideal enobrecedor e levando-o por atalhos que o desviam do planejamento encetado. Entretanto, no final da corrida, prosseguem os desafios com as tentações do comodismo, da notoriedade deixando que a vaidade ensombre a mente descuidada na busca do ideal que o impele a seguir.

Diante das dificuldades e das incompreensões, alimentadas pelos que geram desagravos e dissensões, a melhor conduta é enfrentar os desafios do caminho sem esmorecimento, usando a serenidade íntima e a prece, mantendo a confiança em Deus. Nunca desfalecer, compreendendo que as lutas e as dores da alma são fomentadoras de crescimento espiritual. Perseverando sempre, chegaremos a bom termo nesta carreira da alma, feito discípulos de Jesus, conquistando a vitória da paz e a plenitude da vida.

Muitos não nos compreendem os anseios espirituais neste caminhar que não cessa, mas se estamos conscientes e despertos diante do ideal que abraçamos, avancemos. Quem sabe, um dia, eles compreenderão os objetivos existenciais, sustentados pelo amor e pela misericórdia de Deus!

Neste dia, como fiéis seguidores de Jesus, caminharemos unidos e abençoados pelo amor, na sucessão das vidas que nos aguarda!

E nesse caminhar, adverte-nos Emmanuel:

> É necessário que o coração se faça leve, alijando todo fardo inútil. Na claridade da Boa Nova, o discípulo encontra-se à frente do Mestre, investido de obrigações santificantes para com todas as criaturas. (...).
> Se quisermos alcançar a meta, ponhamos de lado todo impedimento e corramos, com perseverança, na prova de amor e luz que nos está proposta.[19]

E venceremos os impedimentos diários que nos desafiam.

---

[19] - Francisco C. XAVIER, *Fonte viva*, cap. 85.

O despertar da consciência

Assistimos, hoje, cumprirem-se as predições e profecias nos acontecimentos que aterrorizam milhares de pessoas em todo o mundo.

Numa frequência assustadora caem aviões, acidentes inadmissíveis se sucedem e edificações majestosas desmoronam sob o impacto de bombas terroristas.

Manifestações que deveriam ser pacíficas pelas aspirações dos que desejam uma vida melhor e mais digna, transformam-se em atos de vandalismo e terror, culminando em mortes e atentados aos direitos humanos.

Revolucionam-se as entranhas da Terra, abalos sísmicos sacodem sua superfície, ondas gigantes assolam a orla de continentes, destruindo vidas e tudo o que encontram. Paralelamente crescem as crises sociais, políticas e morais, como se um fator fosse desencadeante do outro nas mesmas proporções.

Sabemos, por meio das instruções dos Espíritos Superiores, que não haverá uma brusca transformação do planeta ou uma hecatombe geral, destruindo completamente a nossa civilização.

A natural seleção dos habitantes da Terra, em sua destinação espiritual, se dará de conformidade com o esforço de cada um na busca da paz, da justiça social e do progresso moral.

Quando ocorre um acidente envolvendo muitas pessoas, nas chamadas mortes coletivas, pensa-se logo em processo de reajuste de erros passados. Autores espirituais informam a respeito desse assunto, dizendo que indivíduos envolvidos em crimes hediondos em vidas passadas retornam e se agrupam em determinado tempo e local, sofrendo mortes acidentais, seja por motivos materiais ou flagelos da natureza.

Embora tais acontecimentos nos choquem profundamente, seriam eles suficientes para resgatar crimes cruéis praticados no pretérito, às vezes, longínquo?

Acreditamos que não.

Em vidas sucessivas estes espíritos, obedecendo à Lei de evolução, estiveram sofrendo, lutando, transformando-se moralmente para, neste século, resgatar parcial ou totalmente, de forma violenta, os débitos necessários.

Emmanuel, através da psicografia de Chico Xavier, na questão 250 de *O Consolador*, esclarece-nos:

> Na provação coletiva verifica-se a convocação dos Espíritos encarnados, participantes do mesmo débito, com referência ao passado delituoso e obscuro.
> O mecanismo da justiça, na lei das compensações, funciona então espontaneamente, através dos prepostos do Cristo, que convocam os comparsas na dívida do pretérito para os resgates em comum, razão por que, muitas vezes, intitulais – doloroso acaso – às circunstâncias que reúnem as criaturas mais díspares no mesmo acidente, que lhes ocasiona a morte do corpo físico ou as mais variadas mutilações, no quadro dos seus compromissos individuais.[20]

---
[20] - Francisco C. XAVIER, *O consolador*, cap. 2.5.2, q. 250.

Todos nós, embora tenhamos nossas consciências ainda presas aos débitos do pretérito, podemos melhorar nossos créditos vivenciando, a cada dia, novas experiências motivadoras de progresso moral. Pelas lutas e conquistas espirituais, podemos aliviar dívidas, pelas ações enobrecedoras, obter moratórias secundadas por benfeitores espirituais que nos acompanham os esforços de melhoria, ou termos, ainda, amenizados os rigores da provação necessária, pelos deveres a que nos devotemos, gerando novas causas para o bem praticado hoje, neutralizando o mal, ontem praticado, e obtendo a harmonia com a Justiça Divina.

O objetivo maior da reencarnação é justamente promover o progresso moral por meio das oportunidades de reabilitação e reparação das faltas pregressas. É a lei da vida.

O livre-arbítrio nos confere a autonomia necessária para agir e pensar, acelerando ou retardando o resgate do passado.

> Como luz nos refolhos da consciência adormecida o que deve ou não fazer, cabe-lhe aplicar com correção os impulsos que o propelem ao avanço de acordo com o que deve ou não realizar, de forma a conseguir a harmonia (ausência de culpa). Toda vez que se equivoca ou propositadamente erra, repete a experiência até corrigi-la (provação) e, se insiste teimosamente no desacerto, expunge-o em mecanismo de dor sem alternativa ou escolha (expiação).[21]

---
[21] - Divaldo FRANCO, *Autodescobrimento – uma busca interior*, cap. 3, item "Consciência e sofrimento".

Assim, diante dos carmas em expiações coletivas ou individuais, lembremo-nos sempre de que a finalidade da Lei Natural é a perfeição do Espírito, e que estamos, a cada dia, caminhando nesta destinação, onde o nosso esforço pessoal e a busca da paz estarão agindo a nosso favor ou contra nós, mediante nossas ações e compromissos do presente.

Somos os construtores de nosso destino, e o amor é o recurso inigualável na concretização de nosso futuro espiritual.

Sabedores da imortalidade da alma, como espíritas conscientes de nossos deveres, não nos perturbaremos com as ideias pessimistas de um amanhã sem perspectivas de paz e fraternidade, porque temos inúmeros recursos para vivenciar o tempo presente semeando um futuro rico de bênçãos e construções enobrecedoras, no tão sonhado mundo de regeneração.

A alegria de prosseguir vivendo em "espírito e verdade" nos dá a certeza da imortalidade da alma e nos encoraja a enfrentar esta fase difícil porque passa a humanidade, com esperança e fé!

O QUE MAIS TEMEMOS?

O que mais tememos? Viver? Morrer?

Assustam-nos as perdas e as separações?

Tememos as mudanças que ocorrem dentro de nós ou as que acontecem com os que caminham conosco?

Tememos os outros ou a nós mesmos?

Nós, inseguros e invigilantes, sentimos medo do que não conhecemos.

Apegados ao que é material esquecemos de que nada é permanente no mundo das formas tangíveis.

> O homem vive na Terra sob a ação dos medos: da doença, da pobreza, da solidão, do desamor, do insucesso, da morte. Essa conduta é resultado de seu despreparo para os fenômenos normais da existência, que deve encarar como processo da evolução.[22]

O próprio medo se esvai diante da vida que termina.

Quando vivemos, realmente, aprendemos os sinais que nos protegem.

---

[22] - Divaldo FRANCO, *Plenitude*, cap. II.

E se conseguirmos viver feito seres imortais perderemos a cada momento a insegurança diante do que nos apavora.

É necessário entender o sentido existencial.

Compreender a essência do espírito imortal.

Tudo é transitório, apenas não fenece o ideal de quem ama.

Acabam-se as ilusões efêmeras, os sonhos impossíveis e as lembranças que se diluem no tempo.

Acaba a tristeza de perder quem se ama. Leva tempo? Sim, mas acaba um dia diante de novo amor ou quando se entende que nada ou ninguém nos pertence e somos livres para reconstruir a vida.

São tantos os medos que impedem o ser humano de ser feliz.

Todos têm medo e muitos se escondem sob máscaras como se fossem invencíveis, embora muitas coisas os apavorem, como a morte e o aniquilamento físico, o nada e sua incapacidade de compreensão na visão materialista.

Somente o amor nos torna fortes e capazes de entender que não morremos nunca quando temos a luz da verdade a nortear a vida.

Poucos conseguem amar e viver em plenitude.

Muitos julgam, apontam, acusam, mostrando a face verdadeira do que escondem no imo do ser.

Aqueles que julgam estão evidenciando as fraquezas e os males ocultos, as dores e os vícios morais que pensam esconder.

Os que compreendem o sentido existencial, são gentis e generosos, são brandos e humildes diante dos que cruzam seu caminho, não temem a morte, nem a vida. Sabem o caminho e estão construindo o reino dos céus no coração compassivo que os torna felizes e serenos!

Joanna de Ângelis nos ensina:

> A sobrevivência à morte parecia um conceito mitológico; a sua crença, que servia de pretexto para fugas emocionais, agora se torna um fundamento poderoso para despertar no homem os valores que lhe dormem latentes e ajudá-lo a encontrar sua identidade de ser eterno, avançando na direção de seu destino feliz.[23]

As grandes batalhas fortalecem, ainda mais, os intrépidos e corajosos.

Quando estamos diante de um obstáculo intransponível que se ergue diante de nós, buscamos nos recônditos da alma a força para ultrapassá-lo, mesmo sabendo que será inútil tentar removê-lo, entretanto, lutamos até o fim e nos sentimos bem e serenos diante da impossibilidade de vencê-lo.

A consciência nos protege porque estamos em paz e fizemos tudo o que podíamos. Vencemos o medo do fracasso, da impossibilidade.

Não existe o medo ou o temor da derrota, apenas o desejo de lutar.

---

[23] - Divaldo FRANCO, *Momentos de iluminação*, cap. 19.

Nos momentos cruciais da existência, quando nada mais podemos fazer, diante da enfermidade de um ente querido que a morte arrebate de nossos braços, sentimo-nos, ainda assim, corajosos e fortes para enfrentar a dor que lacera nossa alma e nos mantém lúcidos para fazer tudo o que nos compete, mantendo acesa a luz da esperança em nosso coração.

Depois vem a lassidão, a aceitação dos desígnios de Deus e, dentro de nós uma ferida sangra sem que possamos fazê-la cicatrizar.

O tempo abençoado irá, aos poucos, aliviando a dor, suavizando a angústia de não poder mais tocar o ente querido, a saudade fica suave e, pouco a pouco, tudo vai voltando a ser como antes, mesmo sem a presença física de quem partiu.

Ficam as cicatrizes impressas na alma, tais quais sinais de vitória do amor sobre o sofrimento.

A imortalidade da alma, a certeza do reencontro no plano espiritual são os medicamentos que irão tornar mais rápida a cicatrização, e quando ocorre o primeiro encontro ou chega até nós uma notícia ou carta do ente querido, voltamos a sorrir e agradecemos a Deus a dádiva da vida que continua, além da vida, em maravilhosas etapas para os que estão ligados ao bem, ao amor infinito de Deus e sabem o valor da fé e da caridade.

Por que tememos ainda a morte física?

Existem aniquilamentos mais graves para os que, ainda vivos, são como os "mortos" a que Jesus se referiu quando disse que *deixássemos aos mortos o cuidado de enterrar seus mortos.*

Estão mortos em vida os que se entregam à volúpia do poder, destruindo os sonhos dos que acreditavam neles.

Mortos para as coisas espirituais e para as conquistas enobrecedoras que enriquecem o ser e permanecem para sempre.

Mortos os que não têm paz e não acreditam no poder do amor.

Mortos são aqueles que vicejam em ambientes sórdidos manipulando vidas indefesas através da drogadição, dos abusos sexuais e do desrespeito aos direitos humanos.

Mortos os que perderam a capacidade de lutar e se entregam aos vícios morais, sufocados pelo egoísmo e pelo orgulho erradicando a própria vida.

Mortos os que não acreditam em Deus e embriagados com o falso poder disseminam o ódio e corrompem as mentes imaturas.

Todos estes são mortos e, mesmo depois que a vida física termine, continuarão por longo tempo inconscientes e mortificados sem conseguir despertar na aurora da vida espiritual.

Somente voltarão a "viver" quando a Misericórdia de Deus, Pai compassivo de todos nós, imprimir em suas consciências o despertar para o recomeço, segundo as leis morais que irão reconduzi-los a novo tempo, na glória da imortalidade, buscando a plenitude da vida!

Reflexões no alvorecer...

Contemplando o mar que se estende ao infinito, caminho neste alvorecer, buscando a compreensão e a paz de que tanto necessito. Como sempre acontece diante de tanta beleza, a emoção impregna meu ser, e o pensamento flui em recordações de vivências que escoam na voragem do tempo.

A areia macia e molhada pelas ondas que fluem e refluem, suaviza meus pés nesta caminhada que empreendo e penso nas bênçãos de Deus que, igualmente, amenizam as agruras do caminho.

Confiante em Seu amor infinito, busco em cada momento de meditação e prece ouvir meu coração, o que se passa em meu íntimo, buscando a serenidade e o discernimento, avaliando as alternativas que se apresentam na superação dos desafios existenciais.

Essa serenidade atinge meu ser, apaziguando e confortando-me a alma neste refazimento que somente a natureza em sua prodigalidade me oferece.

Nessa ilha do silêncio, longe do tumultuado movimento da cidade, procuro na interiorização reflexões mais demoradas em torno da vida, dos desafios e das dificuldades terrenas.

Repassando para você, querido leitor, minhas impressões, tento exteriorizar a experiência fantástica que essa viagem ao mundo íntimo, através de uma introspecção consciente, nos possibilita auferir, dando-nos a paz e a compreensão maior dos objetivos da vida.

Faça você também essa viagem e se surpreenderá com os valores que ela irá despertar em você, alguns adormecidos e outros aguardando sua análise e ponderação.

Analise seus sonhos, seus projetos de vida, suas reais possibilidades de vencer os obstáculos e busque dentro de você a força necessária para conquistar a felicidade.

Você está, realmente, consciente do que deseja?

O que tem feito para viver em plenitude, atendendo aos anseios da alma e concretizando seus anelos de felicidade?

> Quando algum bom propósito ou algum projeto extraordinário nos inspira, todos os nossos pensamentos se libertam, nossa mente transcende seus limites, nossa consciência se expande em várias direções e nos vemos em um mundo novo, grande e maravilhoso.
> Forças, habilidades e talentos adormecidos ganham vida, e descobrimos que somos muito maiores do que jamais sonhamos que pudéssemos ser.[24]

Há de se empenhar na realização de seus sonhos e projetos.

Pense comigo e busque uma análise mais profunda do que é a finalidade real de sua vida aqui na Terra.

Observe o que o ajuda a se sentir bem, intimamente sereno e analise o que o aborrece e inquieta em sua vida diária.

---

[24] - Eileen CAMPBELL, *Tempo de viver*, cap. 2.

Com a maior sinceridade possível faça uma crítica construtiva do que já amealhou em valores morais e o que, ainda, dificulta sua paz, complicando seu relacionamento familiar e social.

Você é realmente feliz?

Tem objetivos dos quais se orgulha e luta para realizá-los?

Quando desejamos, realmente, algo que irá nos ajudar no processo de iluminação interior, agimos com tranquilidade e confiantes de que estamos corretos, seguindo a linha do progresso moral.

Entretanto, quando a consciência desperta nos indica que estamos agindo contrariamente às leis morais, há uma inquietação íntima que redundará em episódios negativos para nós e para aqueles que seguem conosco.

Voltando a contemplar o mar e avançando um pouco ao encontro de suas ondas que acariciam meu corpo, sinto gratidão imensa pela dádiva da vida e o quanto sou beneficiada com o conhecimento espírita, norteando a senda a percorrer.

Existem pessoas que dizem não ter tempo para meditações ou para exercícios mentais que o levem ao autoconhecimento.

Distanciam-se com esse procedimento da oportunidade valiosa de refazimento e de uma aproximação maior com Deus, através da prece e das vibrações hauridas em reflexões diante do que o emocione ou o leve a se sentir grato.

> Quem medita enriquece-se de luz, pois que sempre retorna ao mundo objetivo com as elevadas vibrações da harmonia íntima.
> A meditação elimina a ignorância, o medo, o egoísmo, a preguiça, desenvolvendo os sentimentos e as virtudes do amor, do conhecimento, do coração, da compaixão, do perdão, da caridade.
> A meditação é essencial à Vida.[25]

O pensamento é força criadora e é justamente na mente que se processam as criações que irão se concretizar no campo físico. É uma lei natural que estabelecemos em nossa vida. O que almejamos e projetamos pelo pensamento será realizado porque estamos, constantemente, atraindo e influenciando outras mentes encarnadas ou desencarnadas.

No exercício correto da meditação, iremos aprender a pensar de forma positiva e a refinar nossas emoções para atrair somente o que nos dará condições equilibradas e benfazejas de viver com equilíbrio, mantendo a fé e o otimismo diante das lutas diárias.

Enquanto pesquisadores, físicos e cientistas já falam no salto quântico, nós sem recursos para compreender realmente o que significa para nós em termos de evolução espiritual essa assertiva, poderemos com mais facilidade entender o salto da consciência.

Joanna de Ângelis em seus livros exorta-nos às mudanças necessárias para o despertar da consciência, conclamando-nos às mudanças necessárias para o conhecimento de nós mesmos e do sentido existencial.

---

[25] - Divaldo FRANCO, *A um passo da imortalidade,* cap. "Meditação e Vida".

Acredito que poderemos, a partir das mudanças que devemos empreender dentro de nós mesmos, realizar esse salto, alterando nosso modo de sentir, deixando aflorar nossa consciência interior compassiva e encontrar o bem-estar físico e espiritual, anelando o mundo de fraternidade e paz.

Depende unicamente de nós.

E requer tempo para reflexões em torno do *ser* em detrimento do *ter*.

E a meditação nos enseja o caminho da libertação.

> Procura auscultar a Natureza, a fim de que ouças a voz e a presença de Deus ínsita em toda a parte.
> Quando conseguires perceber-Lhe a onipresença, experimentarás inexcedível júbilo, porque te dará conta conscientemente que és Seu filho amado e nunca te encontras a sós, sem o Seu amparo.
> Sai, portanto, da autocompaixão, da queixa, da autopunição, do conflito, e aspira a luz e o oxigênio divino que te darão sentido à existência, contribuindo para que te rejubiles sempre e sem cessar.[26]

---

[26] - Divaldo FRANCO, *Rejubila-te em Deus*, Introdução.

Processo de iluminação

O poeta canta e minha alma se comove com os sons maviosos de sua voz que repercute em todo o meu ser, levando-me a ser compassiva diante dos que me agridem com incompreensões e desaires.

Minha mente se estende em ondas inefáveis, estabelecendo sintonia mais elevada.

O amor infunde em meu ser a serenidade com a visão mais acentuada do sentido existencial.

> E na aldeia de meu coração, minha alma abre mais sua janela, para contemplar Tua Suprema Bondade, que se manifesta novamente sobre a Terra toda, cobrindo-a de felicidade para os homens cansados.
> As virtudes se exaltam e redimem os infelizes.
> Faz-se uma grande espera em todo lugar: as ondas murmuram melodias nas areias alvas; o sol ajuda a terra, libertando-a da umidade; o estio da paz consola as criaturas.
> E Tu chegas, enfim...[27]

---
[27] - Divaldo FRANCO, *Filigranas de luz*, cap.56.

Quando encontramos Jesus nos sentimos plenos de paz, e novas diretrizes são impressas em nossas vidas. Enfim, compreendemos que é necessário educar nossos sentimentos e agir com bondade em todos os momentos.

Entendemos que o desenvolvimento moral é um objetivo que devemos priorizar sempre que convidados a colaborar no processo de iluminação de nosso planeta a partir do autoconhecimento e das mudanças em nosso mundo íntimo.

Incentivados pela esperança, armando-nos de fé e confiança em Deus, iremos superar a crise vivencial que atravessamos na atualidade onde a inversão de valores e a violência desestruturam lares e grupos sociais.

Pensamentos sombrios somente nos assaltam quando a nossa não vigilância permite que o pessimismo e a insensatez dominem nossa mente.

O processo de iluminação requer de nós muito esforço na busca do ideal que acalenta nosso espírito e nos anima a seguir no embate diário, mudando hábitos nocivos, amainando as arestas que levam a conflitos e dificuldades nos relacionamentos. No processo de iluminação, compreendemos que somos filhos de Deus, tendo em nosso mundo íntimo a luz que irá iluminar nossa trajetória, quando superarmos os impedimentos que retardam nosso desenvolvimento moral.

Diz-nos Joanna de Ângelis que:

> O grande desafio da vida são as aquisições eternas, e entre estas se destaca a auto iluminação.
> O homem iluminado é afável e bom, amoroso e nobre,

humilde e inolvidável. Onde se apresenta, espanca as trevas, por acaso dominantes, deixando sinais de beleza duradoura.[28]

E esse processo de iluminação se dá no momento em que encontramos o caminho da libertação espiritual e da plenitude íntima com a consciência lúcida e em paz pelo dever cumprido.

Quando já entendemos que o prosseguir requer de nós renúncia, humildade e confiança irrestrita em Deus, não nos deixando abater pelas pedras que sangram nossos pés na estrada da vida e aguardamos silenciosos o tempo passar, cicatrizando as feridas e as dores da alma.

Quando já entendemos o dever de amar e servir sempre, sem descanso, mesmo com o coração lanhado pela ingratidão dos que amamos e se distanciam de nós infelicitando-nos o ser.

Quando já divisamos o futuro espiritual que nos aguarda sem privilégios infundados ou amarguras eternas, mantendo-nos fiéis aos compromissos diante dos que necessitam de amor e compreensão.

Quando olvidamos as queixas e as lamentações, distanciamo-nos das ilusões e buscamos o sentido real da existência, através do esforço contínuo no bem e no cumprimento dos deveres assumidos perante Deus e nossa consciência.

Quando, finalmente, aprendemos a arte de amar sem fronteiras ou limites, de perdoar sem condicionamentos, de aceitar o próximo sem exigências ou preconceitos, compreendendo que somos todos irmãos, filhos de Deus, herdeiros das

---
[28] - Divaldo FRANCO, *Momentos de iluminação*, Introdução.

benesses que nos chegam a cada dia, convidando-nos a sermos felizes e pacíficos, misericordiosos e humildes.

Ao agregarmos subsídios para compreensão lúcida do processo de iluminação, encontramos nas lições de Joanna de Ângelis:

> Reconhece as tuas fragilidades, a dimensão do teu real valor e faze o melhor que esteja ao teu alcance, sem jactância, sem presunção.
> Não te permitas magoar quando os fatos não sucederem conforme gostarias e jamais te decepciones com o teu próximo.
> Tem em mente as tuas próprias dificuldades e o compreenderás nos desafios que enfrentas.
> Jamais coletes na mente e no sentimento o lixo tóxico do ressentimento, do ódio, da amargura, que fará imprevisto mal.
> És o que fazes de ti mesmo.[29]

Somente pelo amor lograremos a autoiluminação!

---

[29] - Divaldo FRANCO, *Ilumina-te,* cap. 5.

DIVAGAÇÕES E IMAGENS RETROSPECTIVAS

Reflexões e divagações conduzem meu pensamento a um mundo de lembranças fugidias que se perdem ao longo dos tempos.

Das viagens empreendidas em mares distantes, trago apenas a saudade da vida que não tive e se perdeu em sonhos malogrados.

Na voragem do tempo, a amargura ficou esmaecida sob o calor do afeto, como um sol benfazejo, aquecendo minha alma nos dias de solidão. Os luares lânguidos em noites perdidas esvaem-se no esquecimento de tudo como a névoa diante do alvorecer.

Se hoje a dor visita meu coração, busco na poesia ou no que escrevo o bálsamo que suaviza o que sinto, diluindo as mágoas e os pesares.

A pena que descreveu outrora meus sentimentos em noites insones, hoje não existe mais, e vou digitando as letras que retratam o que minha alma sente.

O ontem tão distante mesclado de sombras e tristezas infindas. O hoje com as luzes do amor clareando o caminho da minha redenção.

O amanhã tão incerto, ainda, trazendo-me de volta ao presente como o náufrago em mar revolto, segurando o apoio que lhe resta.

Somente a fé sustenta minha alma em dias tão sombrios e tristes de provações acerbas.

Oro a Deus com gratidão, mesmo sofrendo, porque já consigo entender a vida que existe na morte, e meus cismares se repetem em versos que desfilam diante de mim no papel à minha frente:

Debruçada no convés do navio contemplo o mar...

A noite escura dificulta-me visualizar o horizonte...

As estrelas embaciadas pela névoa piscam como faíscas de luz sinalizando o infinito...

Sobre as ondas encapeladas brilham, ainda mais, as estrelas refletidas como lanternas flutuantes a indicar esperança e vida.

Recordo-me do lago no jardim estático e sempre claro, refletindo as luzes do entardecer...

Sobre o espelho de suas águas flores e folhas bailavam suavemente...

Interrompo a reminiscência e contemplo, novamente, o mar...

A singularidade da recordação contrasta com a impetuosidade do mar, gigantesco a se perder além do horizonte...

Esse contraste leva-me a pensar na diversidade das ações humanas quando defrontadas pelas lutas materiais e pelos óbices do caminho...

Tão diferentes os gestos, as reações e os sentimentos...

Depois, apenas a calma, a suavidade do tempo que ficou perdido e somente se desvela na memória – guardiã de tudo o que vivemos e do que semeamos ao longo da existência...

Voltar no tempo e refazer? Impossível!

Há de se acreditar que teremos novas vidas, novas experiências para reparar e reviver o que perdemos ou deixamos escapar pela insensatez na voragem das horas!

Se assim não fora o nada sufocaria a essência da vida que ainda temos!

Volto à realidade do tempo presente e sinto que pouca coisa ou quase nada mudou dentro de mim. Analiso o contraste do passado e do presente, das sombras do ontem e das luzes do hoje, convidando-me a seguir com destemor o caminho delineado.

Apenas a fé, sentinela da alma, sustentando a vida em suas constantes mutações, permite que prossigamos a viagem existencial rumo ao infinito das horas, impulsionados pelo amor que aponta o nosso destino maior como seres imortais!

O passado longínquo se perde na poeira dos tempos.

A memória seletiva vai imprimindo em nossas mentes a força do bem e as belezas imutáveis do presente que surgem como dádivas de Deus em nosso caminho, possibilitando a reestruturação de nossos sonhos e projetos na escala da evolução que transcende ao que é temporal e efêmero.

Já não temo a vida nem a morte.

A essência do que sou é imortal e não fenece com a matéria inerte.

Voejando rumo às estrelas, prossigo confiante e feliz!

Hoje, eu sei o caminho!

Retrato do coração

No torvelinho do tempo que escoa, o homem moderno aturdido debate-se na incredulidade, menosprezando os valores espirituais.

Poucos se importam em atender aos anseios da alma.

Muitos desconhecem a serenidade íntima que mantém o equilíbrio físico e emocional.

Na azáfama dos dias, ocupados por afazeres diversos, pela concorrida busca de um prazer que não satisfaz e dilui como a bruma sob o calor do sol, não se lembram de orar, de estabelecer na comunhão diária com o Pai Criador, as bênçãos espirituais que nutrem o espírito e trazem a pacificação íntima.

A pressa direciona e irmana a todos que procuram realizar seus projetos de vida, suas conquistas profissionais. Seguem distraídos como um rebanho que, sob as diretrizes do condutor, se deixam levar para o desconhecido sem se importar com o que possa advir desta conduta irrefletida.

Sorriem distraídos e indiferentes aos que sofrem a escassez das coisas essenciais para uma vida digna.

Impunes, cometem erros e se comprazem em enganar e mentir.

Todavia, serão realmente felizes?

Será que a felicidade existe quando o coração se fecha diante da dor alheia, das necessidades dos que estão carentes de amor e afeto?

Creio que não há felicidade real, mas sim o prazer da conquista, do poder, da satisfação dos instintos mais primários do ser humano, distante da plenitude da alma quando ela tem desenvolvida a sensibilidade ante o que emociona, seja na contemplação do belo no equilíbrio da vida ou diante do sofrimento de seu semelhante.

Somos essencialmente seres gregários e não podemos nos isolar indiferentes ao que se passa além do nosso egocentrismo.

Tudo o que realizamos reflete de alguma forma na Humanidade na qual estamos inseridos como filhos de Deus.

Se vivermos corretamente, buscando os objetivos superiores da vida, influenciaremos positivamente aos que nos cercam e dependem de nós. Ao contrário, se infringirmos a lei natural e desvirtuarmos o planejamento espiritual a que estamos destinados como seres imortais, retardaremos o progresso moral.

Quando estamos em processo de resgate, diante de dores acerbas e cruciantes, testemunhamos nossa condição moral com a aceitação serena dos desígnios de Deus. Mas se nos rebelamos e acusamos aos que nos socorrem, blasfemando e negando a Justiça Divina, mostramos o quanto estamos, ainda, distantes da humildade que nos ajudaria a vencer o transe doloroso que se abate sobre nós.

Sofreríamos menos se fôssemos humildes e tivéssemos no mundo íntimo a calma e a compreensão de que ninguém sofre sem uma causa justa, e buscássemos na prece o lenitivo para apaziguar nossa alma.

Compreenderíamos, finalmente, que o sofrimento tem sua função redentora nos planos da alma.

Por meio das instruções dos benfeitores espirituais, compreendemos que ao nos expressar através da fala ou da escrita, revelamos o que já adquirimos em conhecimento, mas quando suportamos com paciência as dores da alma e exercitamos o amor e a caridade para com nosso semelhante, mostramos o retrato de nosso coração.

Crescer em bondade, em sensibilidade diante da dor alheia, ser afável, gentil para os que estão sedentos de carinho e afeto, falar e escrever com ternura, deixando o coração externar o amor que já somos capazes de espargir, será um bom começo no exercício das lições já assimiladas do Evangelho de Jesus.

Precisamos, agora, nesta fase de tantas dores morais e desenganos, mostrar o quanto já podemos fazer em favor dos que estão marginalizados pela exclusão social e pelo sofrimento.

Sempre podemos fazer algo.

Na condição de cristãos, já aprendemos a lição, mas é preciso exercitar este conhecimento pelo amor, pela fé e pela confiança em Deus, usando de misericórdia e de benevolência para os que estão distantes do entendimento das leis da vida.

Mostrar o retrato do coração será, essencialmente, deixar transparecer as conquistas morais já adquiridas nas lutas, nas dores sofridas sem queixumes, nas perdas sentidas sem desesperos e, principalmente, na benevolência e na misericórdia diante dos que não nos compreendem os anseios da alma.

Joanna de Ângelis salienta que:

> Na área do amor, quando em todos os campos da ação nobre da vida, é necessário primeiro dar, a fim de um dia receber.
> O amor é por consequência, o mais precioso investimento até hoje conhecido. Antes que dê os resultados a que se propõe, produz no nascedouro, as excelências de que se reveste: bem estar, paz e alegria.
> (...) Far-te-á um grande bem o ato de amar.[30]

Quando amamos, externamos os melhores sentimentos cultivados em nosso coração, retratando o que somos e o que já adquirimos em virtudes e benesses que beneficiam primeiramente a nós e depois aos que nos buscam.

O retrato de nosso coração emoldurado com as cores da compaixão e do amor representará o cartão de apresentação de nossas almas quando, redimidas, adentrarem a outra dimensão da vida imperecível, livres e felizes porque muito tiveram amado.

---

[30] - Divaldo FRANCO, *Viver e amar*, cap. 9.

Entender o sofrimento

Por que sofremos?

Por que a alma entristece?

Por que a vida perde o colorido, e a felicidade que sentíamos esmaece?

Por que, mesmo já tendo sofrido outros dissabores, outras dores e perdas, ficamos atônitos diante de um acontecimento que altera nossas vidas?

São tantas as respostas. Entretanto, diante do enfrentamento das crises morais, das perdas, de um acontecimento funesto que se abate sobre nós, sofremos como se fosse a primeira vez.

Demoramos em cismares e dores que se revertem em lágrimas que tentamos esconder, mas que insistem em rolar em nossas faces.

No ápice de uma crise existencial quando o sofrimento chega, inesperadamente, ficamos perdidos num mundo de sombras e angústias.

Quando há uma previsão de que algo poderá nos acontecer, preparamo-nos para que a compreensão alargue nosso horizonte e possamos enfrentar a dor com coragem e melhores condições de equilíbrio.

Todavia, quando ela chega de forma abrupta, sem avisar, sem conceder uma visão antecipada, mesmo que ligeira, do que nos aguarda, ficamos aturdidos e sem saber, de imediato, o que fazer.

Com o passar do tempo, pela soma de tantas dores, perdas e infortúnios já sofridos e superados, percebemos que sempre há uma conotação diferente, um modo de sentir que nos surpreende, e o sofrimento tem nuanças e intensidades variáveis. Entretanto, teremos de enfrentá-lo e compreendê-lo, seguindo com a vida e com os compromissos já delineados para cada um de nós.

Hoje, busquei entendimento mais profundo com minha dor, conversando com ela, analisando por que está causando tanta tristeza em meu coração.

Precisava entender o que está acontecendo e depois encontrar recursos que me ajudassem a enfrentar os dissabores. Cheguei, por meio de reflexões mais profundas, a compreender o que se passa em meu íntimo e repasso para você, querido leitor, essas reflexões.

Quem sabe elas sejam úteis para seu coração se algum dia você sofrer revezes ou infortúnios?

Todos nós necessitamos falar o que sentimos, extravasar a dor, seja ela de qualquer natureza e tentar reorganizar a mente numa análise mais demorada das causas que nos fazem padecer tão intensamente.

Após a compreensão do que nos faz sofrer, é que tomaremos algumas atitudes para melhorar nosso mundo íntimo, aliviar o peso da angústia que oprime e assim, entendendo o que acontece, encontrar soluções ou caminhos que nos ajudem a superar.

É um grande desafio!

As dores físicas são mais fáceis de ser enfrentadas e debeladas, porque são palpáveis, gritam onde dói e o que nos faz sofrer, todavia as da alma, em sua maioria ocultas, não se apresentam tão nitidamente.

As pessoas resistem às dores morais ou físicas em gradações diferentes, mas somente nós poderemos avaliar o grau de sofrimento que nos atinge e encontrar meios de minimizá-lo a um nível que não leve à depressão ou à enfermidade mais grave.

Essa introspecção no sentido de avaliar o sofrimento é saudável porque dá condições de pedir ajuda, se não conseguirmos sozinhos aliviar o coração e a alma combalida.

E se, mesmo analisando profundamente nosso mundo interior, vasculhando suas entranhas e buscando a causa de tanta dor, não conseguirmos aliviar a tormenta íntima, recorreremos a uma terapia que nos ajude a encontrar o caminho do equilíbrio emocional. Abençoada terapia que alivia e cura através da fala, do diálogo esclarecedor e oportuno.

Para algumas pessoas, sair de um processo doloroso sozinhas é difícil, por estarem ainda muito ligadas aos sentimentos íntimos, às perdas ou desenganos e sentirem dificuldades, conflitos, barreiras a transpor. Muitas pessoas não conseguem, sem uma terapia adequada, superar a dor que as desequilibram, emocionalmente.

Mas, existem outros recursos que podem ajudar se usados com discernimento e sincero desejo de vencer o sofrimento. Melhor ainda se os associarmos à terapia e ao autoconhecimento.

A leitura é um saudável recurso para a alma solitária e triste. É bom ter boas companhias que não nos perturbam nem reclamam se as abandonamos por determinado tempo. E os bons livros são assim.

Os livros enriquecem o espírito, distraem a mente, alegram e sensibilizam o coração ou poderão até nos fazer chorar de emoção, com a diferença de que quem está sofrendo não somos nós, mas sim os protagonistas da história ou romance que lemos. Faz muito bem para nossa mente uma boa leitura dentro de nossas preferências literárias.

Temos ainda outras opções: caminhar ao amanhecer e observar a Natureza, admirar as belezas de tudo o que nos envolve, nos deixar emocionar pelo canto dos pássaros, pela multiplicidade das cores das folhagens e flores que adornam as praças e jardins, respirar o ar puro que acalma e elimina energias negativas.

Diante de tantas opções, poderemos escolher o que melhor nos convier, tornando-nos mais descontraídos, afastando a solidão, entretanto, há os que preferem se isolar e vivenciar passo a passo as diferentes fases do sofrimento, não se incomodando em ficar imersos em seus pensamentos e reclusos em seus lares.

Para esses a meditação seria muito oportuna por proporcionar o equilíbrio das emoções, na introspecção que poderão fazer em momentos de reflexões mais apuradas em torno de seus problemas e dificuldades, tentando se abstrair de tudo o que perturbe os instantes que caminha para este mundo interior, onde está a luz, herança do amor de Deus por todos nós seus filhos. A iluminação que se processa de dentro para fora, quando realizamos esse encontro com nós mesmos buscando

Jesus, nosso Mestre, dará a serenidade e a plenitude que almejamos.

A busca da espiritualidade, através da religião, é um fator muito importante, dando-nos a certeza de que não estamos sozinhos e que existe Deus – Pai Misericordioso – que rege nossos destinos e sustenta o equilíbrio da vida.

A crença na imortalidade da alma, e que existe vida além das fronteiras físicas, anima-nos a caminhar com mais segurança e nos torna melhores como seres humanos.

Sempre acreditei no poder educativo da dor e posso afirmar que vencidos os primeiros embates, superando a fase mais difícil com coragem e uma crença que nos sustente, sairemos melhores, mais fortes e mais sensíveis ao sofrimento alheio, o que nos dará ensejo de trabalhar, socorrer e orientar aqueles que sofrem dores maiores.

Jesus fez o convite: *Quem quiser vir comigo, tome a sua cruz e siga-me.*

E Joanna de Ângelis nos exorta:

> Não esmoreças defrontando a dor.
> Conduze confiante, a tua cruz até o monte libertador.
> Quem a deixa no caminho, buscando poupar-se ao sofrimento, retornará a buscá-la, pois que, sem ela, ficará interrompido o acesso ao reino da consciência tranquila.[31]

---

[31] - Divaldo FRANCO, *Momentos de iluminação,* cap. 17.

Os seguidores de Jesus sabem que terão sempre espinhos ferindo o cerne da alma, impedimentos ameaçando a conquista dos ideais enobrecedores. Entretanto, aceitam a dor como uma constante na busca da harmonia com o passado, liberando seu espírito dos comprometimentos infelizes, dos equívocos e das ilusões que retardariam sua marcha.

> Portanto, querido leitor, quando aturdido pelo sofrimento 'encara-o com naturalidade, na condição de instrumento de libertação do ego, das emoções e paixões perturbadoras, que lhe constituem retentiva no processo de iluminação pessoal'.[32]

Você se sentirá confiante e harmonizado com os ideais superiores que o farão vencer as dificuldades e as dores da alma, pois o processo de redenção, de progresso moral, é individual, competindo a cada um de nós superar os óbices do caminho.

---

[32] - Divaldo FRANCO, *Momentos de iluminação*, cap. 17.

Estudar para discernir

Ao desenvolvermos atividades doutrinárias e assistenciais na seara espírita é importante associar o conhecimento à bondade para que saibamos o que realmente é útil e essencial na divulgação dos princípios adotados e no cumprimento dos deveres assumidos.

A história de muitas civilizações em seus vários estágios demonstra que a falta de estudo, fator que desenvolve o discernimento e a razão, levou o homem a cometer crimes e guerras cruéis em nome da religião e da fé.

Por desconhecerem a Justiça de Deus em sua amplitude e se apegarem somente à interpretação fria e unilateral das prédicas religiosas, muitos homens se desviaram dos objetivos reais dos ensinamentos cristãos, no combate sistemático aos que não pensavam como eles e na defesa de dogmas e supostas verdades defendidas de forma irracional e sistemática.

A religião em muitos povos era ligada ao poder temporal, e os sacerdotes ou líderes religiosos ocupavam cargos de destaque influenciando reis e governantes nas decisões mais importantes nem sempre as mais acertadas.

Alguns agiam de boa-fé, entretanto, de forma irracional.

Os povos eram submetidos às injunções do poder sem direito de defesa ou liberdade de ação. Muitos foram queimados, trucidados e submetidos a tratamentos de exceção por não pensarem de forma idêntica aos que governavam ao lado dos líderes religiosos.

> Milhões de criaturas evidenciaram admirável bondade no pretérito, demonstrando profunda compreensão fraternal no trabalho que foram chamadas a desenvolver entre os homens, no entanto, porque a educação lhes escasseasse no espírito, caíram em terríveis enganos, favorecendo a tirania e a escravidão sobre a Terra. [33]

Hoje, e também ontem, a ignorância das leis divinas, a falta de discernimento em relação ao comportamento humano que deverá ser estribado na *não violência*, no perdão, na compreensão, tem ocasionado dissensões e desagravos nas comunidades religiosas.

No Espiritismo, por ser uma religião que prega o livre-arbítrio por norma de comportamento, dando ao indivíduo mais liberdade condicionada à responsabilidade de seus atos, favorece o crescimento do ser humano que procura cada vez mais acertar e conduzir sua vida dentro dos padrões éticos preconizados pela Doutrina Espírita e norteados pelo Evangelho de Jesus.

O estudo é muito importante na conquista do discernimento que orienta o ser na conquista de novos patamares na escala evolutiva, tanto o conhecimento exterior de um modo

---

[33] - Francisco C. XAVIER, *Palavras de vida eterna*, cap. 122.

geral quanto, também, o autoconhecimento que leva a um relacionamento melhor com tudo o que nos rodeia e, principalmente, com nosso próximo.

Não apenas a fé e a bondade conseguem conduzir o ser humano em sua ascensão espiritual. Há de se conseguir o mais amplo conhecimento em torno da ciência, seja no âmbito social ou religioso porque a mente iluminada pela razão tende a conduzir o ser humano com mais lucidez à aquisição de valores morais condizentes com sua condição espiritual.

Infelizmente, ainda assistimos a atitudes de prepotência em companheiros bem-intencionados que se destacam pela bondade e boa vontade, mas que se deixam arrastar pelo radicalismo, pelo desmando, pelo personalismo e comprometem todo o planejamento espiritual de obras e instituições vinculado ao bem e à caridade.

Seriam motivados pela vaidade e pelo poder?

Se buscam o conhecimento espírita e participam de movimentos de divulgação e assistência social espírita, o que estaria faltando para melhorar suas atitudes?

Como discernir os métodos usados por companheiros que os orientam ou simplesmente aplaudem tudo o que realizam?

A falta de lucidez ante o mal que causam com suas ações estaria ligada à ignorância de certos princípios das leis morais?

Muitos têm boa vontade no cumprimento de seus deveres, falam e pregam virtudes que procuram seguir, estão empenhados em exercer a caridade, mas infelizmente se perdem no relacionamento agressivo e contundente, agindo como se todas as vantagens que usufruem quando estacionados no poder temporal fossem perdurar eternamente.

Compreender realmente o sentido das lições de Jesus, procurar incorporar na vivência diária estes ensinamentos, seria o caminho mais certo a seguir, evitando males maiores em nosso futuro espiritual.

Emmanuel coloca claramente para todos nós a necessidade do conhecimento quando agimos no bem:

> Procuremos alicerçar nossa fé na bondade, para que nossa fé não se converta em fanatismo, mas isso ainda não basta.
> É forçoso coroar a fé e a bondade com a luz do conhecimento edificante.
> Todos necessitamos esperar no Infinito Amor, todavia, será justo aprender "como"; todos devemos ser bons, contudo, é indispensável saber "para que".
> Eis a razão pela qual se nos impõe o estudo em todos os lances da vida, porquanto, confiar realizando o melhor e auxiliar na extensão do eterno bem, realmente demanda discernir.[34]

Todos procuramos servir e agir da melhor maneira no desempenho de nossos deveres, mas nem sempre conseguimos agir com acerto porque somos imperfeitos e estamos condicionados, ainda, pela vaidade, pelo desejo de permanecer em evidência e sermos reconhecidos pelos companheiros.

---

[34] - Francisco C. XAVIER, *Palavras de vida eterna*, cap. 122.

Seria de bom alvitre nos colocarmos diante da vida com o intuito de servir com amor, sem aguardar aplausos ou deferências. Certamente, agindo assim estaríamos em exercício constante neste aprendizado sublime que é a vida de todos nós, para no futuro nos apresentarmos diante da Justiça Divina com nossa consciência em paz, tal qual o obreiro justo que nada tem do que se envergonhar.

Nesse dia, estaremos demonstrando o que realmente somos e saberemos <u>como</u> agir no bem e <u>para que</u> nos empenharmos no trabalho redentor que imprime em nós o verdadeiro sentido da existência.

Finalizando, transcrevo a elucidativa advertência de Tiago:

Mas a sabedoria que vem do Alto é primeiramente pura, depois pacífica, moderada, tratável, cheia de misericórdia e de bons frutos... (Tiago, 3:17).

Saudades de você

Existem datas que marcam mais profundamente acontecimentos felizes ou infelizes em nossa trajetória aqui na Terra.

As recordações assaltam minha mente e meu coração entristece com a ausência física dos entes queridos.

A Natureza, talvez desejando alegrar o coração dos que sofrem a dor da saudade, brinda-nos com um dia ensolarado e lindo de outono, demarcando novo ciclo com exuberância de cores nas folhas das árvores que atapetam os caminhos e calçadas, refletindo um tempo de mudanças e renovação.

Nem o canto dos pássaros nem a beleza do céu azul onde nuvens voejam em bailados ritmados, denotando o alvorecer de luzes e cores, suavizam este desejo incontido de revê-la, de tocar seu corpo e acariciar seus cabelos macios.

Sinto neste dia uma saudade redobrada de você.

Ele lembra com precisão sua chegada em nosso lar, tantos sonhos, tantas promessas de vida, tantos projetos.

Eu tão inexperiente ao cuidar de você e com aquele sentimento que toda mãe traz no coração, um infinito amor, mas o medo de perder você, de que eu não estivesse cuidando bem de tudo o que dizia respeito ao seu bem-estar.

Os anos passaram céleres e nossa vida seguiu como tantas outras, marcada por momentos de intensa felicidade, outros de dores, inseguranças, decepções, mas não nos deixamos abater, nem que o desânimo nos impedisse de seguir com nossos sonhos, com os projetos e conquistas.

Você conseguiu realizar muitos sonhos e como dizia para mim, naqueles últimos meses em que conversávamos sobre a vida, que a sua tinha sido muito proveitosa. Eu concordo e sei o quanto se esforçou para vencer tantos obstáculos, tantos medos e seguir confiando em Deus e em sua capacidade de lutar pelo que desejava.

Quando você partiu para o mundo espiritual ficou em meu coração de mãe dor imensa, um vazio existencial que somente a fé em nosso futuro espiritual e suas cartas, dando-me a certeza de que estava bem, conseguiram realizar em meu mundo íntimo a transformação que eu precisava fazer, escudada no amor e nos recursos benéficos que o Espiritismo me propicia, seja no trabalho no bem, seja nas oportunidades de aprender, estudar e escrever, tentando ajudar aos que sofrem.

Lembrei-me hoje do seu último aniversário.

A alegria do reencontro com suas amigas, o aconchego do lar, o apoio dos familiares, o amor de seu companheiro e de seus filhos, foram suportes que a ajudaram a viver com o olhar iluminado pela fé e pela certeza de que a luta não seria inglória.

Cinco anos já se passaram daquele dia saudoso.

O céu está lindo, como naquele dia, o azul é o mesmo, o sol brilha aquecendo a terra, as flores deste outono estão adornando os campos e os caminhos, mas há uma diferença marcante, não estarei com você em sua casa, nem contemplarei suas flores, seu jardim, não poderei abraçar você e sentir seu perfume, a maciez de sua pele, o contato de suas mãos, enlaçando-me com ternura como a dizer: *Mãe fique firme, não chore, seja forte... Preciso de você para caminhar até o final com segurança e sentir que posso contar com seu amor!*

Ah! Minha filha, quantas saudades!

Perdoe se estou a chorar ainda pela ausência física que, muitas vezes, chega a me incomodar com receio de que esteja perturbando sua vida neste outro plano e sei o quanto é responsável diante de seus deveres.

Deus a abençoe, envolvendo-a em vibrações de amor, dando paz ao seu coração, e que possamos estar sempre unidas por este sentimento maior que a vida, que redime e conduz com segurança, dando-nos o sentido real da imortalidade.

E imagino você recebendo notícias minhas através de uma carta e assim vou digitando o que o coração dita:

Querida filha, hoje a saudade de você apertou tanto que não vejo outra saída senão imaginar que estamos juntas, novamente, caminhando na praia como outrora, sentindo a brisa do mar em nosso rosto, pisando a areia macia neste amanhecer de luzes e cores...

O mar em ondas suaves beija nossos pés e o vento acariciando nossos rostos suaviza o calor do sol que aquece nossos corpos...

Como estamos no mundo dos sonhos, não nos cansamos e seguimos rumo ao infinito das horas, sem pressa, sem limitações físicas e estar ao seu lado apaga toda a dor da ausência física temporária, entretanto, muito dolorosa que se alonga em dias de saudade e recordações de um tempo que não retorna mais...

Agora, a caminhada já se faz longa... E voejamos na direção das nuvens esparsas que se dirigem ao desconhecido no firmamento azul desta manhã com promessas de felicidade e de paz...

Não falamos nada e o pensamento é quase imperceptível.

Apenas sentimos a presença etérea de nossos corpos que se confundem com as nuvens e se misturam ao orvalho que elas deixam escorrer em nossa direção...

Inundo-me de paz, estando ao seu lado, sentindo as vibrações do amor que nos une e bendigo as horas que posso sentir a fugacidade de seu voejar a meu lado, estando ainda na Terra, mas grata a Deus pela sensibilidade que toca meu coração em blandícias de paz e puras alegrias.

Sandra, minha filha, como é difícil viver longe de você e como desejaria vivenciar, mais vezes, momentos como este...

Na celeridade desse encontro no país dos sonhos, no qual apenas os que se amam podem penetrar, agradeço a Deus sua presença em minha vida, como filha querida e, aos poucos, recobro a serenidade íntima para seguir vivendo até o dia em que estejamos novamente juntas nesta outra dimensão da vida.

Saúde – dom da vida

Consoante o pensamento atual em torno da saúde física, compreendemos que o equilíbrio orgânico é muito mais que a simples ausência da enfermidade. A saúde se expressa de forma integral, na harmonia de três fatores essenciais: equilíbrio físico, mental ou psicológico e satisfação econômica.

A alteração de qualquer um destes três fatores desencadeia conflitos, desequilíbrios orgânicos dando origem a enfermidades de variadas etiologias.

Ao vivermos em uma sociedade geradora de ansiedades e insatisfações pelo excesso de competitividade, valorização excessiva dos bens transitórios e do corpo material, caímos no desequilíbrio mental que leva a área física a sofrer diversas doenças.

Concordam os estudiosos do comportamento humano – psicólogos e psiquiatras, que não há fronteiras nítidas entre a saúde mental e os estados mórbidos, por ser muito tênue a linha divisória entre a insanidade e a normalidade. Para muitas pessoas sentir-se desesperado ou infeliz é motivação para desequilibrar todo o organismo físico. Sofrem demasiadamente e não conseguem digerir qualquer contrariedade ou dissabor, mesmo os mais comezinhos e padecem fisicamente ao ponto de contrair doenças. Outros resistem com mais equilíbrio as dificuldades e os obstáculos da vida, evitando que a enfermidade se transforme em sintomas de maior gravidade.

Nós, espíritas, que estamos familiarizados com as denominações das enfermidades da alma, geradoras de males físicos, entendemos que as doenças procedem do espírito e que no perispírito estão gravadas as matrizes dos males que iremos regenerar ou restaurar com dores e sofrimentos através da reencarnação. Mas, nem todas as doenças atuais têm origem no pretérito culposo, muitas são consequências de imprudências e descaso da vida atual.

As enfermidades da alma, refletidas no corpo físico, são as mais fáceis de serem sanadas, retornando o espírito ao mundo espiritual em condições mais equilibradas para retomar seu crescimento.

As enfermidades morais ou da alma, quando expressas no comportamento humano desequilibrado, insano, trazem transtornos mentais graves, são geradoras de crimes, atos de suma perversidade que acarretam desequilíbrio para o meio social. Estas enfermidades fomentadoras de sofrimentos e dores morais, para todos os que sofrem suas agressões, serão radicadas somente quando o espírito portador destas mazelas se dispuser a mudar sua vida, transformando a maldade em bondade, o desespero em esperança e o ódio em amor.

Todos nós, na condição de filhos de Deus, despertaremos um dia para a vida real e iremos nos deparar com a estrada do bem.

Seres gregários, nós fomos criados para viver em sociedade. Este pensamento conduz a entender que a saúde integral resulta da harmonia do corpo e da mente, da capacidade de viver nesta sociedade, de forma produtiva, desenvolvendo potencialidades tais quais espíritos imortais e mantendo um relacionamento saudável com nosso próximo.

Assim, a autoconfiança, o trabalho e a capacidade de superar dificuldades propiciarão equilíbrio mental e físico mais significativo e relacionamento mais harmônico no meio social e familiar.

Então, as enfermidades no corpo físico serão sanadas apenas momentaneamente se não forem erradicadas da mente, por meio das conquistas espirituais, da renovação de atitudes, do saneamento dos pensamentos e eliminação dos vícios morais.

Portanto, condizente com a moral espírita,

> A saúde constitui a valiosa conquista do homem espiritual que se não deixa corromper, vigiando as nascentes do coração de onde procede o mal, a fim de alargar-se pelos infinitos rumos do bem, atuando no amor e do amor desfrutando como vencedor de si mesmo, cujo corpo é somente instrumento da evolução na busca incessante de Deus. Saúde é dom da vida. [35]

Encontrar um relacionamento saudável no meio em que vivemos é fator básico da saúde mental. Este objetivo, embora simples, requer de todos nós vivência cristã, reconhecer no amor e no respeito ao nosso próximo os meios eficazes para remover de nosso mundo íntimo as tendências doentias que afloram quando somos contrariados ou testados nas lutas de cada dia.

---

[35] - Divaldo FRANCO, *A um passo da imortalidade*, cap. "Saúde e vida".

Remédio eficaz para nossos males é a luz que emana do Evangelho de Jesus, antídoto do egoísmo e do orgulho – fomentadores dos males que persistem em nosso interior.

Ainda estamos distantes de uma saúde perfeita e integral, mas já conhecemos o caminho, e isso aumenta nossa responsabilidade ante as leis da vida.

Sob a inspiração do amor

O sofrimento que se abate sobre nós, quando um ente querido desencarna, leva a reflexões mais profundas em torno do viver e do morrer.

Sabemos, na condição de espiritualistas, que a vida terrena é transitória como as nuvens de outono voejando em direção ao infinito.

Somente quando aceitarmos que o nosso tempo na Terra é transitório e que temos um ciclo biológico determinado, compreenderemos a finitude do corpo físico.

A consciência da impermanência da vida material nos leva a valorizar ao máximo o dia de hoje buscando os valores espirituais.

Entendemos que o presente é a única realidade que poderemos vivenciar, porque tanto o passado quanto o futuro são imprecisos.

O que passou poderá ser recordado de forma indelével, sem que tenha qualquer conotação com o que sentimos atualmente, e o futuro fica condicionado aos sonhos acalentados e projetos de vida não realizados.

Quando nos conscientizarmos de que as recordações do passado e as previsões futuras são abstrações de nossa mente, compreenderemos que o presente é a realidade diante de nós com várias opções na determinação do que poderemos realizar. Com esse pensamento alcançaremos o sentido existencial, ao buscarmos na imortalidade a certeza da vida permanente e imperecível.

É estranho como a dor que dilacera nosso coração pode construir algo dentro de nós, fazendo-nos mais conscientes do tempo disponível para realizar o que nos compete na linha do progresso moral.

Ao longo de minha existência, o sofrimento tem sempre esta função educativa – refinar meus sentimentos, equilibrar minhas emoções e levar meu espírito a compreender os desígnios de Deus como um gesto de misericórdia, visando à minha melhoria íntima.

Sofro e choro quando o sofrimento ensombra meu coração, contudo, busco na fé e na certeza o apoio de que preciso. Sinto que mãos caridosas me sustentam neste transe doloroso, então, não me sinto sozinha. Fico mais lúcida quanto ao que devo fazer de minha vida, mesmo quando os sonhos se esvaem no vendaval das lutas, e as lágrimas turvam meus olhos na contemplação do que me cerca.

Esforço-me para enfrentar com dignidade o que me faz sofrer e busco reformular os projetos de vida que seguem sem interrupção, encontrando no trabalho e no amor as forças para seguir o caminho já delineado.

Há todo um desenrolar de fatos que se sobrepõem ao acontecimento que nos leva a sofrer, indicando-nos o caminho a seguir, e todos os recursos que poderemos usufruir através do conhecimento espírita para vencer as dificuldades de readaptação a esta nova fase existencial.

Considero a prece o recurso mais valioso que sustenta e redime.

A oração, ligando nossa mente à fonte inesgotável de bênçãos que emana de Deus quando temos fé, suaviza as agruras do momento, alivia o coração combalido e traz a serenidade íntima que necessitamos para seguir realizando os deveres de cada dia.

Quando nossos entes queridos partem antes de nós, perdura o sentimento de afeto que nos une e a afinidade espiritual. Sabemos que os elos de amor não se rompem com a desencarnação.

Nossos pensamentos continuam em sintonia e quando oramos, mesmo sentindo saudades, se este sentimento é equilibrado, nosso irmão que vive agora em outra dimensão da vida imperecível receberá este influxo mental qualificado pelas nossas vibrações de paz, de amor e gratidão.

Nós também melhoramos e haurimos forças para prosseguir vivendo.

Embalados pela magia de cada alvorecer, nossa alma se renova diante de tudo o que contemplamos na vida que se descortina diante de nós.

Em cada novo dia, a paisagem já não é a mesma, as cores mudam de tonalidade, o canto dos pássaros tem sonoridade diversa, e, muitos não compreendem como podemos ser tocados tão infinitamente na observação do que vimos ontem, sendo tudo tão igual?!

É que a poesia dá um colorido diferente a cada coisa ou ser que contemplamos. Em cada novo dia vemos um mundo diverso, talvez a paisagem seja a mesma, mas nós o criamos com as luzes da fé e do amor e ele se torna mais belo e majestoso.

Aflora em nosso íntimo a gratidão a Deus por tantas bênçãos e tanta beleza diante de nós.

A dor fica menos intensa e nossos espíritos, mais fortes, retomam as tarefas que competem ainda realizar e, então, encontramos no amor e no auxílio aos que precisam de nós a sustentação maior neste caminhar constante em direção à luz e à compreensão da Lei Divina.

Joanna de Ângelis leciona:

> Cria os teus momentos fecundos, vivendo a realidade conforme se expresse.
> O presente é a única dimensão que tens ao alcance. O que sucedeu existe apenas durante o período que o recordes. O que virá é incerto.
> Jesus ensinou-nos esta conduta fazendo tudo quanto pretendia, e emulando-nos a valorizar o hoje em face da sua grandiosa significação.[36]

Com visão mais ampla do que nos compete realizar e a certeza da imortalidade da alma, diante de um ente querido que partiu para o mundo espiritual, usemos os recursos espíritas para aliviar o sofrimento causado pela ausência física, mas deixemos que os melhores sentimentos iluminem nosso coração, pacifiquem nossa alma, e busquemos no sentido existencial a motivação maior para prosseguir.

---

[36] - Divaldo FRANCO, *Momentos de iluminação,* cap. 11.

Sob a inspiração do amor, cerquemo-nos da prece e do trabalho voltado ao bem, feito alavancas de sustentação quando nos sentirmos combalidos pela saudade e pela dor da ausência.

Sentiremos, então, que mãos invisíveis iluminadas pelo amor se estendem e nos amparam, dando-nos mais forças e coragem para seguir nosso destino, com paciência e resignação, indicando-nos a melhor maneira de agir nesta fase de desafios constantes.

Portanto, querido leitor, 'ama e dulcifica-te, porquanto, somente o amor propicia a luz do entendimento e o repouso da paz'.[37]

---

[37] - Divaldo FRANCO, *Momentos de iluminação*, cap. 20.

Sob as luzes do entardecer...

O asfalto molhado reflete as luzes deste entardecer convidando-me a reflexões mais demoradas.

Dias assim, chuvosos e cinzentos, levam-me a recordações de um tempo longínquo quando mudei para Juiz de Fora.

Chegava cheia de sonhos e projetos para cursar a Faculdade.

Adoro esta cidade que meu coração escolheu para viver a existência atual. Desde que aqui cheguei há muitos anos, encantei-me com suas avenidas arborizadas, o crescente número de pessoas que andava pelas calçadas das ruas centrais, onde o comércio era intenso e, especialmente, por certas singularidades que somente acontecem aqui.

Vindo de uma cidade do Estado do Rio de Janeiro, onde morava desde a infância, estranhei um pouco a maneira conservadora e o formalismo de algumas pessoas.

Falavam pouco ou estritamente o necessário com os estranhos. Alguns consideravam que nós, de outras localidades, não teríamos muita chance de aqui permanecer, após a conclusão do curso.

Aos poucos, fui me adaptando e incorporando em minhas atitudes certos hábitos bem mineiros. Os que aqui residem conhecem bem, todavia, não incorporei alguns estilos de vida ou normas comportamentais porque os sabia meramente discriminativos e com o tempo seriam alterados.

Aprendi muito nesta convivência saudável com os amigos e companheiros de jornada e sei que o que nos sucede não é meramente casual, mas sim o reflexo do que projetamos e acreditamos poder realizar ao longo dos tempos.

Ainda cursando a Faculdade de Filosofia e Letras, morando num casarão que ficava na Av. Sete de Setembro, em frente à Rua Halfeld, já delineava e sonhava com a vida que eu pressentia e desejava que fosse toda vivenciada aqui em Juiz de Fora.

Os bondes passavam na Avenida Sete de Setembro, onde ficava a casa da inesquecível D. Júlia (sogra de um irmão com o qual eu viera morar) e as pessoas desciam no final da tarde, caminhando na direção de seus lares, enquanto outros pegavam a condução com destinos que eu supunha serem os cursos noturnos, porque eram jovens e traziam livros ou pastas em suas mãos.

Eu imaginava suas vidas, seus sonhos e ficava admirando o movimento até que anoitecesse.

Vinham para esta cidade estudar, trabalhar, construir nova vida. Poucos regressariam para os locais de onde vieram.

Há uma particularidade que sempre chamou minha atenção em relação ao clima que se mantinha mais frio que o das demais cidades onde eu já residira.

Em maio, o frio já incomodava e se prolongava até agosto. Esse mês caracterizava-se pelos ventos constantes e pela neblina gelada. Na Rua Halfeld, principal via urbana, onde tínhamos de passar quase todos os dias, o frio iniciava pelo chão e ia subindo até nos gelar o corpo todo.

Meu pai dizia que ali fora um pântano ou brejo.

Hoje, o tempo mudou muito. Não apenas em nossa cidade, mas no mundo!

Há nos costumes sociais e familiares como no tempo atual variações e distúrbios que dizem ser comuns em mudanças de ciclos na evolução humana. Tomara que seja assim e que tudo realmente mude para melhor.

Mas hoje quero falar, unicamente, do amor que tenho por nossa cidade.

Juiz de Fora para mim é especial porque aqui cheguei de mãos vazias e coração repleto de sonhos.

Hoje, continuo com o coração transbordando de amor e os sonhos acalentam meu espírito e dulcificam meus sentimentos neste inverno da vida. Minhas mãos já calejadas pelo trabalho que sempre honrei, pelos labores no movimento espírita, pelo uso abençoado da mediunidade e pelas oportunidades de escrever sobre minhas experiências e desafios do caminho, já não estão mais vazias.

Olho novamente o asfalto molhado, os carros velozes deslizando pelo asfalto da Avenida Rio Branco, as luzes que refletem numa profusão de cores dos faróis, dos semáforos, das lojas e prédios que contornam e demarcam os passeios quase vazios e recordo dos bondes que desciam este mesmo trajeto.

Meu pensamento voeja no passado longínquo e sinto saudades da tranquilidade do bonde deslizando na avenida, tão vagaroso e romântico que nos permitia ler algum livro, olhar as pessoas que caminhavam na calçada, contemplar a paisagem com as árvores floridas, ouvir os passarinhos cantando em algazarra.

Eu desejava viver para sempre neste local que já amava.

E assim aconteceu.

Terminei a faculdade, casei, construímos uma família numerosa, fui cimentando as amizades com o calor do afeto sincero, enfrentei desafios e lutas normais para o desenvolvimento moral que estava programado neste viver e consegui transformar aquela jovem sonhadora e tímida na mulher que sou hoje.

Amei, sofri, enfrentei dissabores, perdas e os desenganos tentaram solapar a esperança de meu coração, entretanto, não deixei que isso acontecesse, lutei contra a amargura e a desilusão que me transformariam numa velha rabugenta e triste.

Estou feliz comigo mesma, com a vida e muito grata a Deus por ainda poder falar com você, querido leitor, e repassar o que sinto.

Adoro esta cidade porque em todos os momentos que a contemplo, em noites enluaradas com o céu estrelado, em dias de sol e flores colorindo os campos e jardins, ou mesmo, talvez devesse dizer principalmente nos dias de chuva, porque foi assim nosso primeiro encontro e não quero esquecer a ternura que me invadiu ao contemplá-la e sentir em meu coração que este amor seria para sempre!

Quando amanhece e abro a janela de meu quarto, revendo o asfalto molhado, os carros deslizando e as luzes do alvorecer, retorno ao passado e repito para mim mesma: *Esta é a cidade que eu amo!* E oro a Deus em agradecimento por tudo o que vivenciei sob este céu abençoado.

Alguns poderão achar piegas o que sinto e escrevo, externando a gratidão pelas bênçãos da vida, entretanto, é um sentimento que me torna feliz pela oportunidade de reconhecer quem, realmente, sou diante do que possuo e do que realizo.

Ser grato é ser gentil diante dos favores recebidos e humildemente analisar o valor de cada gesto ou bem que o outro nos concede na vida.

É valorizar a dádiva do tempo, da amizade, da ternura, do abraço sincero que faz nosso coração bater mais forte, do aceno tímido de quem cruza nosso caminho, do sorriso de uma criança que não nos conhece, mas em sua meiguice e simplicidade chama-nos de avó.

A gratidão não é improvisada pelo interesse em receber sempre, mas sim pelo exercício constante do amor e do reconhecimento dos benefícios que a vida e os outros nos propiciam.

Joanna de Ângelis salienta que:

> A vida sem gratidão é estéril e vazia de significado existencial. (...).
> A gratidão é a assinatura de Deus colocada em Sua obra. Quando se enraíza no sentimento humano logra proporcionar harmonia interna, liberação de conflitos, saúde emocional, por luzir como estrela na imensidão sideral...[38]

---

[38] - Divaldo FRANCO, *Psicologia da gratidão*, cap. 1, item: "A consciência da gratidão".

O CÂNTICO DA ESPERANÇA

Denso nevoeiro recobre a cidade que ainda dorme. As luzes da iluminação urbana parecem lanternas de pouca luminosidade cobertas pela neblina fina que cai suavemente. Há uma quietude que nos invade o ser, dando-nos serenidade e paz.

Temos a sensação de estarmos mais pertos de Deus quando contemplamos a Natureza em sua excelsa beleza e em sua constante transformação, o que demonstra a transitoriedade da vida material.

Nossos olhos se perdem no infinito. Sabemos que daqui a poucas horas ou minutos o sol irá resplandecer no horizonte dissipando as brumas deste alvorecer.

Enquanto meditamos e oramos a Deus por mais um dia, percebemos que as mudanças já vão se delineando com a claridade em crescente harmonia indicando que está amanhecendo. Observamos as nuvens como almofadas dispersas e flocos de algodão descansando nas montanhas que circundam minha cidade e, aos poucos, vão se transformando em linhas esbranquiçadas no horizonte.

Permanecemos inundados neste amor imensurável de Deus e demoramos em nossas reflexões.

Os nossos problemas ficam tão pequenos diante de tanta grandeza e nos sentimos seres distantes da perfeição, entretanto, amados e protegidos por este Deus que é Amor e Sabedoria Infinita.

Em momentos assim, sentimo-nos, realmente, filhos de Deus!

Esta certeza nos conforta a alma e nos anima a prosseguir.

Os problemas diários ficam insignificantes, as críticas passam a ser incentivos a mudanças necessárias em nosso caminhar, as dores da alma ficam anestesiadas pela fé e pela esperança de que tudo é efêmero e irá passar.

Aumenta de forma intensa em nosso mundo íntimo a coragem e seguimos confiantes de que estamos inseridos neste contexto que é a vida em seu ritmo constante guiando nossos passos na direção de um futuro que já não é mais incerto, porque sabemos que Jesus está na direção espiritual de nosso Planeta e podemos confiar em sua proteção imensurável.

Meu amigo, todas estas reflexões em torno da vida e da beleza que nos cercam, conduzem meu pensamento em direção às lutas e testemunhos que todos nós, ainda, temos de enfrentar no resgate das dívidas do passado, nas provas que nos credenciam a melhores condições na escala da evolução e maiores responsabilidades na conquista do progresso moral.

Sei o quanto é difícil superar crises, desconsiderações, desagravos, incompreensões e críticas de pessoas que não conhecem verdadeiramente nosso mundo íntimo.

Reconheço que há momentos em que temos vontade de abandonar tudo e evitar relacionamentos conflitantes, trabalhos em favor de pessoas necessitadas, muitas vezes, ingratas e exigentes. Mas, pondere comigo: onde adquirir os valores que precisamos para progredir sem os atritos e as pedras do caminho?

Como seguir Jesus, sem as dores, as decepções e os espinhos que nos ferem a alma?

O testemunho de que já estamos prontos para a luta redentora e a aquisição de maiores encargos, embora simples na seara de Jesus, requer de todos nós paciência, tolerância, compreensão, amor e perdão incondicional para aqueles que nos ferem ou magoam.

Não alimentar a descrença no ser humano, porque ainda não somos compreendidos pelos que continuam distantes das lições imorredouras de Jesus.

Se já conseguimos perdoar e tolerar os que não nos compreendem os anseios de paz e progresso moral, procuremos não nos ressentir e evitemos o desgaste emocional diante das crises vivenciais.

Exercitemos o amor e a compaixão para que tenhamos a compreensão maior diante da fraqueza de nosso próximo. Essa conquista dará a serenidade íntima necessária para seguir em frente, jamais desistindo da luta, confiando sempre na possibilidade do outro em atingir níveis mais altos de bondade e compreensão, discernimento e razão na solução dos problemas que o afligem. Sem a presunção de nos julgar melhores ou mais capacitados que os outros, nas tarefas a que nós nos entregamos, preservando a paz e o equilíbrio sem precipitações ou julgamentos apressados.

Ainda não alcançamos posições elevadas em nosso crescimento espiritual, temos compromissos a saldar, deveres contínuos a cumprir, dívidas a resgatar. Entretanto, já podemos entoar o cântico da esperança, suavizando nossas dores, porque temos dentro de nós a luz do amor, iluminando nosso caminho.

Temos a fé raciocinada que nos induz ao discernimento diante das lutas.

Temos o sol do amor aquecendo nossa alma para que a rigidez do inverno não nos abata e enregele nossos sentimentos com a indiferença.

Temos a compreensão maior da imortalidade da alma e do tempo infinito que está diante de nós facilitando-nos a caminhada e o progresso moral em nossa destinação espiritual.

Temos tantos bens e valores a cultivar em nossa alma que a solidão não encontra guarida em nossos corações porque estamos envolvidos na luta pela nossa regeneração e para que o mundo em que vivemos tenha mais paz.

Enfim, somos herdeiros de Deus, detentores de tantas conquistas e vantagens morais bem estruturadas no lar que nos ampara e protege, nos amigos que confiam em nós e nos sustentam nos momentos difíceis, nos benfeitores espirituais sempre atentos às nossas necessidades reais diante de nossa evolução que nos resta somente a gratidão ante tantas bênçãos!

Assim, meu irmão, não se entregue ao desespero nem ao desânimo diante do sofrimento que oprime seu peito. Busque na oração e na fé a motivação para seguir seu caminho com serenidade, entendendo que nada sofremos que não tenha uma razão real a nos preparar para a felicidade futura quando estivermos livres dos grilhões do passado e caminharmos com segurança, tendo por roteiro as lições de Jesus – bússola segura a orientar nossos passos em direção à vida imperecível!

Diálogo Íntimo

Parece simples nos dirigirmos a nós mesmos, quando estamos enfrentando crises ou sofrendo moralmente. Todavia, é um recurso que utilizo para entender minha dor.

Procuro usar a introspecção, esta viagem para dentro de meu ser quando estou sofrendo. Certamente, é no cerne da alma que a dor moral se radica e apenas nós aquilatamos sua intensidade e onde ela mais nos fere.

Inútil desejar que os outros possam avaliar nosso sofrimento, mesmo quando são solidários e compassivos. Quem já enfrentou a perda de entes queridos, o abandono e a ingratidão daqueles que supunham amigos sinceros, desastres com sequelas graves e lesões físicas com demorados impedimentos que limitam a liberdade de ir e vir? Quem já teve a alma ferida por acúleos invisíveis que deixam cicatrizes difíceis de ser erradicadas?

Todos que já passaram por estas experiências com dores acerbas sabem o quanto é difícil recompor a vida e elaborar novas metas que levem a sorrir e a viver com otimismo.

Já enfrentei situações dolorosas ao longo da vida terrena, e o caminho da recuperação moral e do equilíbrio emocional encontro sempre nos recursos espíritas e no autoencontro que me permitem adentrar os meandros de meu mundo íntimo e analisar o que fazer para amenizar o sofrimento.

Somente assim, mesmo sentindo-me sozinha, questionando o sentido existencial, busco algo que me anime a viver, converso longamente comigo mesma, afasto a autopiedade que me deixa mais vulnerável e busco na prece a força que necessito para seguir confiante.

Poucas pessoas sabem lidar com o sofrimento próprio e menos ainda com a dor alheia, pois se afastam e nem percebem o quanto o outro está sofrendo. Contudo, surgem outros que surpreendem com a generosidade e o calor humano.

Quando entendemos que existem momentos na vida que nos convidam a procurar novos caminhos, entramos em processo de recuperação, mas ainda assim assalta-nos o desânimo e a indecisão diante do que fazer.

Se não conseguimos sozinhos vencer a crise existencial que surge em momentos de intenso sofrimento, devemos procurar ajuda.

Os recursos espíritas são valiosos, entretanto, algumas vezes precisamos de apoio psicológico, como citei há pouco, a fim vencermos os momentos de desolação e tristeza.

Abençoada terapia que me fez mudar e transformar o sofrimento em alavanca para outras conquistas e trabalhos no bem, que foram amenizando a dor da saudade, preenchendo o vazio existencial e me trazendo de volta à vida. Voltei a sorrir, a cantar, a amar a vida e tudo o que me cercava.

Após a desencarnação de minha filha, foram dois anos de dores intensas, mudanças que alguns não entendiam, novos planos e reflexões em torno do que eu deveria fazer para enfrentar essa nova fase de vida.

Os amigos são importantes em nossa vida e, neste período, destaco a presença constante de uma amiga, a quem dedico esse livro. Ela foi o apoio fraterno que precisava e estava a meu lado, incentivando-me a seguir, a voltar a escrever, a assumir compromissos fora de nossa cidade, a participar do movimento espírita.

E assim aconteceu.

Escrevi outros livros, participei de muitos eventos, viajamos muito e ela sempre comigo.

Nosso processo de aprimoramento moral se realiza por meio da superação dos problemas e das lutas vivenciais que acontecem para todos nós. Entretanto, havia dentro de mim força enorme, uma coragem como nunca tivera para enfrentar tudo o que fosse empecilho ao cumprimento das tarefas assumidas.

Como o tempo corre célere.

Cinco anos passam tão depressa e quando me dei conta, sem aviso ou despedida, minha amiga também partia para o mundo espiritual.

Parece que vamos ficando fragilizados com a idade e sentimos o frio na alma enrijecendo nossas emoções, paralisando a vontade de seguir o caminho já delineado, de abandonar tudo o que realizávamos antes.

Contudo, reagindo, buscando a ajuda espiritual indispensável e o apoio dos amigos e amigas fui superando o abatimento físico e moral.

Lendo Joanna de Ângelis, encontrei algo para direcionar minha vontade e sair deste estado emocional.

E ela ensina que:

> A tua instabilidade emocional requer tratamento de profundidade. Inicia-o dentro de ti mesmo, renovando os teus painéis mentais, ainda sombreados, e assumindo o compromisso de lutar com todo o empenho para superar a injunção dolorosa, a fim de conseguires o equilíbrio.
>
> Se o desejares, realmente, conseguirás.[39]

Este ensinamento despertou em mim o que precisava fazer.

Conversei comigo mesma, meditando, orando e, analisando meus sentimentos, voltei a entender a dor em sua função educativa.

Busquei alternativas que me ajudassem a afugentar o desânimo e encontrar a coragem necessária para seguir em frente.

Ainda hoje, quando a sombra da tristeza tenta se abater sobre mim, busco nos recursos espíritas e no trabalho no bem os suportes necessários.

Não posso mergulhar minha mente na sombra que ainda projeto em momentos de solidão. Encontro, então, na prece e nas leituras edificantes o lenitivo, o apoio que tanto necessito.

Tenho de alcançar dentro de mim a força, a coragem, o desejo de seguir confiante, embora as dores da alma, as lágrimas de saudade permaneçam por algum tempo, ainda, a entristecer meu coração.

---

[39] - Divaldo FRANCO, *Viver e Amar*, cap. 4.

Semelhante às outras vezes, terei de entender a solidão, acostumar-me a ela, usá-la por companheira que me leve a profundas reflexões em torno do sentido existencial. Sair do casulo em que me aprisiono e voar na direção do infinito, em sonhos de amor inundados de paz, nesta viagem para dentro de mim mesma, encontrar a razão de viver em harmonia comigo e com a vida. E usufruir da paz e da felicidade real quando estou inserida no amor de Deus, enriquecendo meu espírito com realizações enobrecedoras.

A prece, o trabalho no bem, perseverando no cumprimento dos deveres junto à família e na seara espírita, têm sido o lenitivo que preciso, e sinto as benesses da paz e do amor sarando as dores, dando-me a sustentação que necessito para prosseguir.

Ler intensamente, meditar e sentir as vibrações de amor que chegam pela bondade dos benfeitores espirituais que amparam quando sou resignada diante das dores da alma, representam o conforto.

As mensagens que leio nas obras de Joanna de Ângelis são como um bálsamo que suaviza minha alma, e meu coração rejubila diante do excelso Amor de Deus por todos nós.

Divido com você, querido leitor, este trecho que leio sempre:

> Mantém-te vigilante quanto aos pensamentos, evita cultivar idéias dissolventes, que preservam os sentimentos viciosos e destrutivos. (...).
> Desse modo, nunca lamentes a desencarnação do ser amado, pois que havendo concluído a tarefa para a qual

renasceu na matéria, deve retornar ao Grande Lar para futuros comprometimentos.

Tem certeza de que ele não te abandonará, manterá intercâmbio mental e emocional contigo, se permaneceres na faixa vibratória do amor sem apego, da saudade sem revolta, da gratidão sem amargura.

Ademais, prossegue na construção do bem no mundo interior, porque ao chegar o momento do teu retorno, ele estará esperando-te com inefável alegria para o reencontro, após o qual não haverá mais separação.

A morte não é o fim da vida, mas o início de uma outra expressão, que é a verdadeira! [40]

---

[40] - Divaldo FRANCO, *Rejubila-te em Deus*, cap. 28.

Aquietando a mente...

Na tranquilidade do campo, longe da agitação urbana, vislumbro com mais intensidade as belezas da Natureza, aprendendo com as lições edificantes que ela nos concede a meditar mais profundamente em torno das ocorrências diárias.

Denso nevoeiro encobre a paisagem que diviso pela janela de meu quarto neste amanhecer.

O sol ilumina a terra molhada pelo sereno da madrugada dando, em cada arbusto que diviso, um formato irregular sombreado pela umidade que o recobre.

A montanha altaneira, que ontem resplandecia sob a luz do poente, permanece adormecida, aguardando que se dissipem as névoas que a recobre, ocultando-a no horizonte...

Sei que a impermanência do que está diante de meus olhos fará, dentro em breve, com que tudo se transforme em cascatas de luzes e cores enfeitando esta manhã de inverno, oferecendo a todos que sentem a magia da Natureza o esplendor de mais um dia.

Há uma quietude que entorpece nossos sentidos físicos, mas reabre as comportas da alma, distanciando-nos de tudo o que ontem motivava preocupações.

Surge novo dia como oportunidade de realizações e um suceder de acontecimentos que ensejam prosseguir com mais ânimo e confiança.

A introspecção que estes momentos nos oferecem, quando a sós nos demoramos em reflexões e análise de nós mesmos, são oportunidades valiosas que Deus nos concede para aprimorar os sentimentos, equilibrar as emoções através de uma sensibilidade mais profunda da realidade existencial. E, ao atingirmos esse estágio, estamos diante de nós mesmos em comunhão com a Natureza, definindo novos rumos e pensamentos mais edificantes.

A gratidão a Deus por mais um dia de vida é o que resulta de tudo o que sinto neste momento, e, orando emocionada por tudo o que a vida me concede em bênçãos valiosas de aprendizado, preparo-me para mais uma jornada de trabalho.

Conversar com você, estimado leitor, é uma das abençoadas motivações que encontro para seguir com otimismo e fé, tentando chegar ao seu coração para que também encontre a paz que tanto almejamos.

Joanna de Ângelis salienta que:

> No turbilhão da vida hodierna em face do intercâmbio psíquico nas faixas da psicosfera doentia que grassa, é muito difícil a manutenção de um estado de equilíbrio uniforme.
> A inquietação, porém, constante, deve merecer mais acurada atenção, a fim de ser debelada.[41]

Aproveitemos, portanto, estes momentos de paz e refazimento espiritual para manter o equilíbrio necessário sem permitir que a insensatez nos contagie com os miasmas que chegam por meio dos que permanecem inquietos e pessimistas.

---

[41] - Divaldo FRANCO, *Episódios diários*, cap. 13.

Sair da faixa do negativismo e acender a luz da fé e da confiança em Deus para superar as dificuldades, orando sempre por um mundo melhor, na certeza de que nada acontece que não seja da vontade de Deus.

Agir com seriedade frente aos deveres assumidos junto à família, aos labores espíritas e na sociedade, já que somos responsáveis pelo que emitimos em pensamentos negativos, engrossando a fileira dos descontentes e pessimistas ou quando espargimos bênçãos de paz e otimismo saneando nossa mente e despoluindo o ambiente em que vivemos.

A inquietação denota a perda do sentido existencial, quando a criatura vive apressada na busca de valores materiais, como se fosse eterna, distanciando-se da realidade espiritual, usando o tempo de forma desordenada e inconstante.

> Administra a tua existência calmamente, de forma que possas fruir experiências emocionais enriquecedoras, tornando-te um exemplo de alegria de viver, caso te encontres aureolado pelas bênçãos do êxito ou pelos testemunhos dos sofrimentos.
> Que nada altere o teu comportamento de verdadeiro cristão, porquanto o mal por si mesmo se aniquila, assim como o bem cada vez mais esplende triunfante comandando as vidas entregues ao amor.[42]

Chega um momento na vida de todos nós, quando somos surpreendidos pelo sofrimento e nos deparamos com o vazio e a tristeza diante dos parcos valores morais que angariamos, quando parece que tudo foi em vão, e o desânimo tenta

---
[42] - Divaldo FRANCO, *Ilumina-te*, cap. 11.

solapar as escassas energias que nos restam para prosseguir. E indagamos agoniados:

Como seguir em frente se tudo o que nos resta é o frio da indiferença e a incompreensão do que somos realmente, para onde iremos e o que nos aguarda?!

Neste momento crucial da existência, teremos de arregimentar forças para dizer não à insanidade das propostas da vida que levávamos e encontrar o caminho da reflexão, da fé e compreender o sentido existencial como espíritos imortais destinados à perfeição e à felicidade.

Ao recuperarmos a harmonia íntima, tudo se aclara e a definição dos rumos que seguiremos fica bem delineada porque está ínsita em nossa consciência ética. Assumimos, então, o dever de manter em nosso coração a luz da fé e do amor orientando nossos gestos, evitando que a descrença assuma, novamente, o direcionamento de nossas vidas.

Estamos na Terra de passagem, e somos espíritos imortais.

Assim, não perca a esperança diante dos infortúnios da vida e aceite com fé todos os acontecimentos que o levem a crescer espiritualmente, mesmo fazendo-o sofrer pela ingratidão humana, pelas perdas de seres amados, pelas dificuldades dos tempos atuais que tentam inquietar seu coração.

Cada dia nos oferece oportunidade de recomeçar.

Assim como a bruma deste amanhecer impede a visão clara da Natureza que aguardava o sol para se desnudar diante de nossos olhos em sons, cores e luzes harmonizando a vida, também, nosso coração sob o impulso do amor afugentará as sombras do pessimismo, da descrença, da infelicidade momentânea que rouba do coração a alegria de viver.

Quando nos conscientizarmos de que nossa existência é transitória, como as nuvens que voejam no espaço azul do céu em desenhos ilusórios, a inquietação pelo futuro desaparecerá e a fé abençoará nossos dias.

O que importa é viver com qualidade! Seguir mantendo o ideal como chama que aquece o coração e direcionar nossos gestos através do amor e da solicitude diante dos que caminham conosco.

Quando despertamos para o sentido existencial, somos capazes de usar o tempo beneficamente, obtendo vantagens sem inquietações.

Viver no tempo qualitativo proporciona paz e tranquilidade diante das coisas a realizar, sem a correria sem sentido do tempo quantitativo que nos dá a sensação de que tudo anda muito rápido e que ainda falta muito a realizar.

Precisamos aprender *a ser em detrimento de ter ou fazer*, encontrando assim a solução para muitos problemas que inquietam nossa alma.

A ISSO FOMOS CHAMADOS

Amanhece. O céu ainda coberto por tênue nevoeiro deixa transparecer tons de azul esmaecidos pela sombra da noite que, aos poucos, dispersa pelo nascimento do sol que desponta no horizonte. A lua minguante, recurvada como um barquinho de brinquedo segue, calmamente, seu rumo com seu brilho menos intenso, a nos indicar que com serenidade poderemos vislumbrar a vida que acorda neste novo dia cheio de promessas e expectativas. Há dentro de mim um turbilhão de ideias, de planos para este alvorecer, todavia, procuro me acalmar meditando e orando a Jesus para que eu não me perca na pressa nem me acomode na indiferença.

Quando somos alvo de problemas que causam desencanto e perplexidade, devemos procurar entender a causa de tudo e acalmar nosso mundo íntimo. Buscar nas mensagens do Evangelho de Jesus as lições e diretrizes para desanuviar nossa mente diante dos testemunhos que certamente devem auferir se melhoramos nossas atitudes ou se ainda deixamos o orgulho obscurecer nossos melhores sentimentos.

Pois para isto é que fostes chamados, porque também o Cristo padeceu por vós, deixando-vos exemplo para que lhe sigais as pegadas... (I Pedro: 2,21).

Passamos a refletir em torno dos problemas que vivenciamos. Sei que irão passar e que soluções chegarão. Não estamos na Terra para viver somente de prazeres e ilusões, mas sim para os testemunhos diante das aflições que nos procuram em diferentes formas e nos levam a sofrer, muitas vezes, injustamente, se analisarmos apenas nossos atos do presente.

Em sua caminhada evolutiva, o ser humano defronta com situações nas quais são analisadas suas reações e seus comportamentos diante do poder, do dinheiro e da beleza física. Poucos sabem lidar com estes atributos sem ferir o próximo, sem se deixar levar pelas paixões perturbadoras.

As pessoas mudam quando dispõem de autoridade material. Tornam-se arbitrárias, prepotentes, insensíveis, usando máscaras para ocultar seus conflitos, sua realidade interior. Muitos o fazem sem perceber que estão causando sofrimentos e prejuízos aos outros. Julgam-se corretos em suas decisões, não analisam seus gestos e se perdem ante a bajulação dos que os cercam enquanto estão no topo das decisões. Esquecem-se de que tudo é transitório e, pela lei de causa e efeito, estão semeando o que irão colher no futuro.

Suas atitudes exteriores revelam seu eu mais profundo. Nem o aconselhamento dos mais experientes consegue demovê-los de atitudes impensadas e prejudiciais ao grupo social onde atua.

Infelizmente, no meio espírita, surgem também pessoas assim, despreparadas para cargos diretivos, iludidas com o poder transitório. Deveria ser diferente porque na condição de espíritas desejosos de abraçar a causa do Espiritismo e vivenciar os ensinamentos de Jesus, em quaisquer situações da vida, mesmo enfrentando muitas dificuldades, não deveriam se deixar levar pelas perigosas tentações do poder.

Felizmente, os verdadeiros espíritas portam certo grau de discernimento que os torna mais fortes e imunes às arbitrariedades porque se sentem fortalecidos quando a luz do Evangelho se aloja em seus corações, iluminando suas mentes.

Alterações profundas acontecem em seu mundo íntimo:

Não se envaidecem ao ocupar posições de destaque.

Afastam o egoísmo de seus corações.

Evitam dissensões, maledicências e comentários levianos.

Defendem os mais fracos e não usam o poder para ferir a quem quer que seja.

São simples e humildes buscando entender o outro mesmo que ele discorde de suas opiniões.

Não impõem sua vontade e buscam sempre o equilíbrio íntimo e a convivência harmoniosa com os que estão caminhando ao seu lado.

São almas livres, sem as algemas do preconceito, da vaidade e das ilusórias conquistas materiais, sabendo que são transitórias as posições, as glórias e o poder.

Todo crescimento, toda mudança, causa sofrimento e desconforto íntimo.

Por estarem mais sensíveis, aguçam suas percepções e padecem incompreensões e o distanciamento dos que antes se acercavam dele.

Quando os ensinamentos de Jesus iluminam nossa consciência, para acertarmos o passo na senda do progresso moral, nossa sensibilidade aumenta e, então, percebemos detalhes que antes nos eram desconhecidos. Sentimo-nos mais suscetíveis de entender o outro e sentir suas dores e suas aflições.

Na hora do testemunho, geralmente estamos sozinhos. Mesmo rodeados dos que são verdadeiramente amigos e querem ajudar, nos sentimos isolados do mundo. É quando buscamos na fé e no amor de Deus a coragem para prosseguir.

Em nossas fileiras espíritas, quando somos defrontados por problemas e sofremos incompreensões, temos de vigiar as nascentes do coração e seguir as lições de Jesus que enriquecem nosso mundo íntimo convidando à reflexão em torno dos valores reais da vida, da aceitação da lei divina, e encontrarmos no recôndito de nossas almas o conforto espiritual para vencer os desafios do caminho.

Emmanuel ensina que:

> Se nos encontrarmos, pois, em extremos desajustes na vida íntima, à face dos problemas suscitados pela fé, saibamos superar corajosamente os conflitos da senda, optando sempre pelo sacrifício de nós mesmos, em favor do bem geral, de vez que não fomos trazidos à comunhão com Jesus, simplesmente para o ato de crer, mas para contribuir na extensão do Reino de Deus, ao preço de nossa própria renovação.[43]

E enfatiza que não podemos desistir da luta nem recuar diante do sofrimento, mas sim aprender a usá-lo na concretização de nossos ideais de amor e de crescimento espiritual através da fraternidade, da compreensão, do ânimo e da alegria, prosseguindo corajosos e livres.

---

[43] - Francisco C. XAVIER, *Fonte viva*, cap. 171.

Jesus nos deixou o roteiro, e se fomos chamados a servir, caminhando ao Seu encontro, significa alijar de nosso coração a mágoa, o desencanto, o desânimo, demonstrando que já estamos seguindo seus ensinamentos, embora saibamos o quanto ainda nos falta crescer para chegarmos até Ele.

A isso fomos chamados...

Bondade e ternura – novo paradigma

Lendo a homilia do Evangelho, que o Papa Francisco apresentou em sua coroação, fiquei emocionada com as palavras sinceras e revestidas de simplicidade com que ele se expressou preocupado em atender aos pobres e desafortunados da Terra.

Pela primeira vez, assisti a alguns fatos relativos à eleição de um Papa, transmitidos pela TV e surpreendeu-me sua atitude nas primeiras aparições públicas tal qual o novo Pastor e Condutor da Igreja Católica.

É inegável a grande responsabilidade espiritual de que é revestido um Papa, cujo poder sempre foi causa de muitos descaminhos ao longo da História.

Mas os tempos são outros e a esperança alenta muitos corações desejosos de paz e fraternidade. O novo Papa disse que para ele *o poder significa serviço* e estas palavras dão conotação nova às diretrizes que ele pretende imprimir em sua missão, aliadas à humildade e à preocupação com os mais carentes que sempre norteou sua vida religiosa.

Há uma necessidade imperiosa de se acreditar que não estamos desamparados, e que Jesus dirige os destinos da Terra.

A consciência do verdadeiro cristão, daquele que se diz seguidor do Cristo é de assumir novos compromissos colaborando com as transformações que estão delineadas nesta fase de transição que vivenciamos, quando nosso planeta alcançará novo ciclo na evolução espiritual passando de *provas e expiações* a um mundo de *regeneração*.

Há de se considerar que a união de todos nós cristãos é uma necessidade real para combatermos o materialismo, o fanatismo religioso e tudo o que nos afasta do sentido existencial, como espíritos imortais. Estamos vinculados pela filiação divina e pela lei do progresso moral com uma destinação inerente aos filhos de Deus que não nos segrega ou discrimina pela crença que adotamos.

Quando o novo Pontífice fala em *caminhar, construir e difundir a palavra de Jesus* ele está sendo coerente com o que, realmente, precisa realizar por autoridade máxima da Igreja, e todos os seguidores desta crença, se estiverem imbuídos do mesmo desejo, estarão contribuindo para que seja mais prontamente realizado o sonho de fraternidade e de paz de todos os cristãos.

Recentemente, com sua vinda ao Brasil, durante a Jornada Mundial da Juventude, na cidade do Rio de Janeiro, demonstrou, com simplicidade e humildade cristã, o que preconizara em seu primeiro discurso, agindo sempre de forma carinhosa e caridosa para com todos.

Constata-se similitude entre o pensamento do Papa Francisco e o que ensina a Codificação Espírita. Kardec já iniciava, quando do lançamento de *O Livro dos Espíritos*, a base de nova doutrina calcada no amor e na caridade, seguindo os preceitos de Jesus e assim restaurava o Evangelho em sua pureza, referindo-se a ele como o Código Divino.

E não há como divergir, no mundo cristão, na análise da moral do Cristo!

A Evangelização de todos, desde a criança ao adulto, é uma proposta que todos os centros espíritas exercem, aliada à caridade, à assistência e à promoção social do ser humano, porque sem a educação dos sentimentos, o atendimento material satisfaz, apenas, parcialmente. Atender aos que carecem de recursos materiais, mas também levar o conhecimento e o alimento espiritual para as almas aturdidas pelo sofrimento e pela descrença.

Há um detalhe na fala do Papa Francisco que desejo comentar dada a profundidade de suas colocações em torno da caridade e do amor, quando ele diz que precisamos *não ter medo da bondade e da ternura...*

Em nossos dias, quando a violência coloca-nos diante de graves problemas vivenciais, vitimando crianças, idosos e jovens, levando a dor e o luto a tantos lares, o homem parece estar com medo de externar seus sentimentos e, na defensiva contra os que poderiam supostamente atacá-lo, perde a sensibilidade, a gentileza, a ternura, a espontaneidade.

As palavras do Papa, dirigidas aos que o ouviam em todo o mundo cristão, sensibilizaram-me e ao escrever e falar para você, querido leitor, o que sinto em meu coração, desejo que você, também, perca o medo de ser uma pessoa bondosa e externe a ternura que o invade e expresse os melhores sentimentos que afloram em sua mente.

Vamos exprimir os melhores sentimentos de amor e carinho para todos os que se acercarem de nós, induzindo-nos ao amor sem limites, ao amor imensurável que Deus tem pela Humanidade e nos acolhe desde os primeiros tempos, ensejando-nos a liberdade de escolha, mas também colocando em nossas vidas os limites necessários a fim de não nos perdermos irremediavelmente nos labirintos da dúvida e dos vícios morais e termos a oportunidade do ressarcimento dos débitos e dos equívocos.

Não ter medo da bondade e da ternura...

Deixar que nosso coração seja tocado pela magia do amor que perdoa, que compreende, que aceita o outro, que protege a vida que esplende na Natureza em bênçãos renovadas.

Do amor que reveste de mansidão, de ternas atitudes no enfrentamento das dificuldades do dia a dia, nos relacionamentos difíceis, nas agruras da ingratidão humana.

Seguir o coração para que a bondade e a ternura eduquem e modulem nossa voz quando ensinamos e educamos, formando opiniões em torno de problemas familiares, sociais e morais.

Seguir as emoções puras do sentimento nobre que a bondade nos concede quando estamos diante dos que padecem dores acerbas, dos que se perdem nas lutas pela sobrevivência e não conseguem viver dignamente.

Deixar que a ternura envolva nosso coração, suavizando nossos gestos, nossas palavras, nossas mãos ao tocar o enfermo da alma ou do corpo, levados pela compaixão e pelo sentimento mais puro que somente a alma enobrecida pelo amor consegue.

Não ter medo ou receio do que irão pensar os que não conhecem as blandícias do amor puro, da ternura que envolve aqueles que sabem se conduzir diante da dor do outro, dos equívocos alheios e não censura, mas acolhe e orienta, suaviza o amargor da culpa e do remorso.

Não recear a ternura suave e meiga que envolve o ser que sabe exteriorizar gestos de bondade diante das agressões sofridas e não se deixa enredar pelo desejo de revidar a ofensa, antes perdoa e aguarda o tempo.

Bondade e ternura que se mesclam e adornam as almas nobres dos pacificadores, dos humildes, dos simples e misericordiosos que, certamente, serão bem-aventurados pelo Mestre Jesus e terão, desde hoje, o coração adornado pelo amor e pela compaixão.

Bondade e ternura que se expressam em gentilezas, em doações constantes, em paciência e abrem caminhos de luz para os que os seguem atraídos pela força irresistível do amor num convite ao exercício da caridade em sua expressão mais ampla – que perdoa, que compreende, que é indulgente e benevolente para com todos!

Bondade e ternura – paradigmas de nova era para todos os cristãos!

REFLEXÕES EM TORNO DA IMORTALIDADE

Ainda não amanheceu e um turbilhão de pensamentos assalta minha mente. Emergem lembranças que eu supunha apagadas e dores mal cicatrizadas, cuja intensidade eu subestimara, buscando no trabalho incessante afogar a intensa saudade que ainda fustiga meu ser.

Na solidão das horas que demoram a passar, fico pensando como somos frágeis diante das dores e dos testemunhos que a vida nos impõe. Reconhecemos a função educativa do sofrimento que nos faz crescer e enfrentar os impedimentos que vão sendo destruídos à medida que os vencemos, apoiados nos valores que já adquirimos na vida.

Existem dias de intenso sofrimento, sem que tenhamos conseguido, ainda, superar a dor que as recordações nos trazem.

O tempo passa, a vida segue convidando-nos às realizações, entretanto, mesmo buscando na compreensão e na aceitação das leis divinas o suporte indispensável para seguir vivendo, deixamo-nos levar por sentimentos de intensa saudade diante das lembranças que não se apagaram.

Escrever sobre esses sentimentos, falar de minha filha que partiu para outra dimensão da vida, é como uma catarse que alivia meu coração de mãe saudosa de sua presença física. Mas, sei que denota minha sensibilidade diante da dor que ainda perdura.

Sinto necessidade de chorar, lavar com lágrimas esta dor tão intensa que sinto quando não a posso mais tocar, contemplar seus gestos, acariciar seus cabelos. Vejo-a, caminhando devagar com elegância e altivez, vindo em minha direção com o olhar bondoso e penetrante, com promessas de paz e felicidade.

Mas, compreendo ser impossível nesta dimensão de vida em que ela vive, atender sempre ao meu desejo quando a dor da separação aturde meu íntimo. Procuro orar e afastar de meu peito a angústia que ainda me oprime, nesta impossibilidade de estar sempre com ela, como outrora.

Aos poucos, a dor se faz menos intensa, as lágrimas cessam e volto ao mundo real, renovando a esperança e a fé que me confortam o coração. Procuro extravasar o que sinto escrevendo e distanciando-me do sofrimento numa catarse que faz minha alma evadir-se e superar o sentimento de perda que me dilacera.

Gostaria de não sofrer com tanta intensidade.

Deixar que as lembranças impregnassem minha mente e me fizessem companhia nesta noite insone. Sem sofrimentos, sem lamentações. Apenas revivendo os momentos de felicidade!

Recordar nossas vidas, nossos sonhos e sorrir.

Mas ainda não consigo realizar este intento sem sofrer.

A saudade dói com intensidade que poucos sabem avaliar. Somente os que padecem dores iguais, com a perda de um filho ou filha, entendem esses sentimentos que ferem a alma.

A resignação e a aceitação dos desígnios de Deus não nos impedem de sofrer, mesmo procurando agir no bem, na realização de projetos de vida que beneficiem as demais pessoas que permanecem ainda conosco.

Buscando nos ensinamentos de Jesus e na Psicologia Espírita uma explicação mais adequada para vencer estes momentos de dificuldades, lembramo-nos dos dizeres sábios e generosos da benfeitora espiritual Joanna de Ângelis quando nos conforta, dizendo:

> O vazio da ausência de outrem que lhe constituía uma razão de alegria, de segurança, de bem estar, de felicidade, transforma-se em angustiosa interrogação a respeito do sentido da vida, em si mesma, em face daquele desaparecimento que lhe dá a impressão de aniquilamento. (...).
> A observação atenta, porém, em torno de tudo quanto existe na face da Terra, pode contribuir em favor de um atenuante para a dor da saudade e do desespero em relação àqueles que foram arrebatados pela morte, como em benefício da preocupação em volta da sua própria destruição... [44]

Sabedores de que tudo se transforma na natureza e que está ínsito em cada ser o sentido da imortalidade, mesmo para os que ainda se apegam à crença de que tudo se aniquila com a morte, observamos que o instinto de preservação os leva a sobrepor este sentimento, movidos por algo que os sustenta, demonstrando que ainda assim vale a pena viver e lutar pela sobrevivência física.

Refletir sempre em torno da imortalidade, da sobrevivência após o decesso físico, nos dá segurança e estabilidade emocional para prosseguirmos lutando e defendendo nossos ideais com perspectivas mais seguras em torno da utilização

---

[44] - Divaldo FRANCO, *Encontro com a paz e a saúde*, cap. 11.

de nossos recursos em favor de nosso desenvolvimento moral e daqueles que possamos orientar.

Joanna de Ângelis fala da excelência do sentimento de amor pela vida que conduz ao crescimento espiritual, alargando nossos horizontes com a harmonização íntima e facilitando nossa caminhada enquanto vivos nesta dimensão terrena.

Procurar entender cada vez mais o sentido da vida, aprimorar o autoconhecimento e enriquecer nossos dias com atitudes dignas e saudáveis, que nos levem a realizar nossos deveres e compromissos para com a sociedade e para com os que estão reunidos conosco no grupo familiar.

Não esquecer jamais a transitoriedade da vida física evitando o desespero quando formos chamados ao testemunho perante a perda de um ente querido.

Todos estes pensamentos e lições que a psicologia espírita possibilita, povoam minha mente e me fazem retomar a direção correta de minha atitude neste amanhecer que agora já se faz mais intenso, diluindo as sombras da noite e suavizando a saudade dos que partiram.

Nossos sentimentos e nossas emoções se equilibram na certeza de que temos uma destinação espiritual.

E a benfeitora espiritual novamente nos anima dizendo:

> Se fizeres silêncio íntimo ao recordar-te deles, em sintonia com o pensamento de amor, eles poderão comunicar-se contigo, trazer-te notícias de como e de onde se encontram, consolando-te e acalmando-te, ao tempo

em que te prometem o reencontro ditoso, mais tarde, quando também soar o teu momento de retorno.[45]

E assim, em nós, espíritos imortais, as emoções se equilibram e, então, sentimos que não estamos sozinhos nesta longa caminhada que é a vida imperecível.

> Passo a passo, sem angústia pelo que foi feito nem ansiedade pelo que poderá fazer, há ensejo de renovação de propósitos e de afirmação de ideais.
> A morte, vencida pela realidade, oferece magnífica paisagem de conquistas siderais, que jamais serão encerradas...
> É bem provável que, por essa razão, o apóstolo Paulo exclamou: Onde está oh! Morte a tua vitória? Onde está oh! Morte, o teu aguilhão? (Coríntios: 15,55).
> A vitória do Self é a sua imortalidade.[46]

A certeza da imortalidade nos levanta o ânimo para continuarmos firmes em nossos melhores propósitos diante dos deveres que nos competem.

Enxugamos nossas lágrimas, sorrimos diante deste novo dia que surge com promessas de luzes e encantamento, agradecendo a Deus a dádiva da vida!

---

[45] - Divaldo FRANCO, *Libertação do sofrimento*, cap. 26.
[46] - Idem, *Encontro com a paz e a saúde*, cap. 11, item "O Self imortal".

Desafios do caminho

Neste crepúsculo de mais um ciclo evolutivo de nosso planeta, acarretando grandes mudanças sociais, comportamentais e, principalmente, nos relacionamentos humanos, busco em reflexões demoradas o que nos cabe realizar para amenizar a dor e a insegurança destes dias sombrios.

Se estivermos inseridos no grupo social que deseja a paz e um mundo moralmente mais equilibrado, cuidaremos com mais empenho das tarefas em prol do desenvolvimento moral da Humanidade, contribuindo com os recursos já amealhados no conhecimento espírita alicerçado na moral cristã.

Nossa cooperação deverá se estender além do ambiente familiar, atingindo o meio social.

Na condição de conhecedores das leis morais, através dos ensinamentos de Jesus, e seus seguidores, procuremos viver coerentes com o que já assimilamos, externando sentimentos mais nobres e pacificadores diante das dificuldades atuais.

Reconheço que não tem sido fácil servir e amar como propõe a ética cristã, seja no lar, no ambiente profissional, na comunidade religiosa onde devemos exercitar a caridade e a tolerância.

Há um torvelinho de conflitos e desafios com os quais teremos de lutar constantemente para não nos deixar levar pelo desânimo e pela indisciplina diante do trabalho a realizar, permanecendo em paz.

Todavia, os maiores e mais difíceis desafios são aqueles que vigem em nosso mundo íntimo. Esses deverão ser combatidos com destemor e coragem, pois devemos eliminar tudo o que seja causa de desequilíbrio e desarmonia, evitar que o orgulho e o egoísmo aniquilem os sentimentos que já conquistamos ao longo dos tempos.

Nesta busca do autoconhecimento e da mudança de propósitos não precisamos nos isolar ou bloquear as emoções, mas sim, educá-las a fim de vivermos em paz enquanto seres em regime de interdependência com outros irmãos também, lutando com as mesmas dificuldades.

Se estivermos inseridos num grupo social ou familiar em que os obstáculos sejam frequentes é porque necessitamos desta experiência. Trazemos, na condição de espíritos imperfeitos, bagagem de outras vidas que requer reparação e ajuste. Esse reencontro é providencial na atual existência para nossa redenção espiritual por meio da reabilitação moral perante nossa consciência e a Justiça Divina.

Somos beneficiados com inúmeros recursos que a Doutrina Espírita concede, e as luzes que emanam dos ensinamentos de Jesus nos ajudam a superar os desafios e vencer as lutas de cada dia.

Quando compreendemos o sentido existencial e encontramos Jesus, deixando-o permanecer conosco, o amor direciona nossos gestos para que nossas mãos soergam os caídos, nossa voz dulcifique com a palavra certa a dor dos que padecem, nossos passos sigam na direção da luz, irradiando para todos os que se aproximam de nós a paz que já conquistamos.

Toda transformação que se opera em nosso mundo íntimo, facultando melhoria moral, resulta em benefícios para os que nos acompanham e buscam ajuda espiritual. Entretanto, os maiores beneficiados somos nós mesmos com as mudanças em nossa maneira de agir e de sentir diante das lutas e das dores morais, demonstrando que já estamos superando as dificuldades que perturbavam nossa marcha evolutiva.

Temos um compromisso com a vida e com nós mesmos.

Amando-nos, iremos desenvolver este sublime sentimento junto aos que nos procuram, sedentos de compreensão e apoio fraterno.

Compreendendo-nos, teremos melhores condições de compreender o outro em suas dificuldades e lutas íntimas.

Perdoando a nós mesmos, estaremos aptos a perdoar sem condicionamentos ou imposições os que se equivocaram e sofrem o aguilhão da dor e da incompreensão humana.

Nesta reflexão, nessa viagem ao nosso mundo interior, conhecemo-nos melhor e assim ficamos mais aptos a corrigir nossos defeitos, reparar os erros que tenhamos cometido e combater o mal que ainda vige em nosso coração. Essa atitude é a meta mais importante a ser atingida.

Se cada um de nós fizer a sua parte, mais rapidamente presenciaremos as mudanças que ocorrerão em todo o mundo, porque estamos todos nós, nesta fase de transição planetária, comprometidos com o bem e o desejo de que nosso mundo vença esta fase e chegue à nova era de regeneração de toda a Humanidade.

Não poderemos recuar diante dos graves compromissos assumidos.

Saibamos ser fiéis a Jesus e tenhamos em nossos corações o sentimento de gratidão pelo muito que temos recebido em bênçãos de conhecimento, oportunidades de trabalho e acesso à verdade que é luz clarificando o raciocínio e direcionando nossos espíritos a um futuro de paz e plenitude.

No mundo moderno, onde as crises morais e sociais afetam a estrutura familiar, há necessidade urgente de evangelização das mentes e o acesso à fé raciocinada que o Espiritismo proporciona.

Não descuidemos das crianças e dos jovens que chegam, atualmente, ávidos de conhecimentos mais condizentes com o desenvolvimento da ciência, buscando entender as causas de tudo o que os cerca.

Quando o Evangelho de Jesus penetra o lar, mais facilmente encontramos o caminho da redenção espiritual, e a família que ora e busca harmonizar-se com os ensinamentos cristãos tem maiores condições de enfrentar e vencer as dificuldades atuais que o mundo apresenta.

Simples e eficiente, a prática do Evangelho no Lar, reunindo a família, semanalmente, faculta melhor relacionamento entre seus componentes, um ambiente mais pacificado e a vivência dos preceitos cristãos tornando todos mais felizes e harmonizados com os objetivos da atual reencarnação.

São inúmeros os benefícios deste encontro no lar, reunindo os familiares para orar e estudar o Evangelho de Jesus:

- Renovação mental pela troca de vibrações salutares e positivas.
- Equilíbrio físico e espiritual.

- Minimização dos problemas de relacionamento.
- Soluções para os desafios pelo esclarecimento das leituras edificantes.
- Reaproximação e consolidação da afetividade entre os componentes do grupo familiar.

É no lar, nossa primeira escola, que plantamos as sementes do amor que farão florescer a paz em nossos corações e nos corações daqueles que amamos. Nesta troca de experiências, nos diálogos fraternos e esclarecedores, na aceitação do próximo que amamos, adquirimos o discernimento e, então, passamos a compreender e a aceitar lá fora, no torvelinho do mundo, outros corações que nos busquem, ajudando-os a superar os desafios do caminho.

Joanna de Ângelis leciona:

> Quando Jesus recomendou o amor como condição essencial para a felicidade humana, estabeleceu que era necessário torná-lo amplo e irrestrito, de forma que se iniciasse em si mesmo, agigantasse-se até o seu próximo e rumasse na direção de Deus.
> Esse é o amor incondicional, sem limite, libertador.
> Quanto mais se ama, tanto mais se é ditoso.
> O amor, portanto, abarca todas as aspirações da criatura inteligente que um dia se lhe renderá totalmente feliz.[47]

---

[47] - Divaldo FRANCO, *Libertação pelo amor*, cap. 23.

Retornando ao lar

Por meio das instruções dos Espíritos Superiores a Allan Kardec, compreendemos, mais amplamente, a dimensão da vida além da morte como uma continuidade do que somos e do que vivenciamos. Com esta nova concepção, descortinamos um mundo real bem diferente do sobrenatural e misterioso, além das religiões místicas ou das teorias materialistas que consideram a morte a finalização da vida.

A morte tem para nós, espíritas, conotação diferente da que habitualmente se lhe atribuem os que, mesmo acreditando na imortalidade da alma, desconhecem a realidade do mundo espiritual.

Os próprios Espíritos demonstraram com fatos comprovados em experiências realizadas no século XIX, nas instruções inseridas na Codificação Espírita e nas comunicações mediúnicas que possibilitam até nossos dias esta comprovação, que a vida continua depois da morte. Somos imortais, retornando ao Lar, na dimensão espiritual, após a desencarnação.

Os Espíritos respondem às indagações formuladas pelo Codificador Allan Kardec, no cap. III (P. 149 a 150 a) de *O Livro dos Espíritos*, apresentando explicações lógicas de como se processa o retorno ao mundo espiritual.

São indagações milenares que o ser humano tem feito, sem conseguir respostas lógicas e racionais:

O que seremos após a morte? Para onde iremos? Como estaremos após a morte física?

Com nova luz acerca destes questionamentos, vamos compreendendo bem mais, elucidando nossa mente diante do desconhecido mundo que agora se descortina de forma coerente e lúcida através dos ensinamentos espíritas.

Seremos, após a morte física, Espíritos, retornando ao mundo do qual viemos e estaremos com as mesmas características individuais, pensando e agindo com o corpo perispiritual, constituído dos fluidos do planeta que habitamos, sendo mais ou menos etéreo em função de nossa condição moral.

Não perdemos nossa individualidade. Conservamos as mesmas virtudes, os mesmos erros, as predileções que mantínhamos na Terra e na erraticidade, período que intercala as reencarnações quando o espírito, preparado, renasce para nova jornada de experiências.

Aprendemos também que a separação do corpo da alma não é dolorosa, quando o fluido vital se extingue por não encontrar mais o elemento para sua atividade.

Devemos considerar, entretanto, que existem várias formas de morrer.

A alma, geralmente, se desprende gradualmente, os laços que nos prendem à matéria se soltam, contudo, teremos de analisar os tipos de morte e quais as circunstâncias em que houve o desligamento ou ruptura dos laços ou liames entre o corpo e o perispírito.

O desprendimento poderá ser rápido ou demorado. A duração poderá ser de horas, dias, meses, anos dependendo da condição evolutiva do Espírito e de seu grau de despojamento das coisas materiais. (L.E. p. 154 a 155 a).

O tempo de duração do desligamento da alma ao corpo é determinado em função da persistência de uma afinidade entre o corpo e o Espírito.

Esta afinidade estará relacionada com a consciência do ser ante a vida material, delimitada por seu maior ou menor grau de desapego durante sua permanência na Terra.

A perturbação espiritual após a desencarnação terá o tempo equivalente ao grau de desligamento do Espírito em função de sua moralidade, de sua capacidade de desligamento.

Em *O Céu e o Inferno*, 2ª. parte, cap. I. Kardec diz que a perturbação espiritual dependerá de três fatores essenciais:

- Afinidade (apego do Espírito ao corpo físico).
- Densidade do perispírito que decorre da evolução moral.
- Extinção gradual da força vital e nunca súbita, mesmo nas mortes violentas em razão de acidentes e suicídios.

Podemos dizer, então, que a perturbação espiritual após a morte será o reflexo de nossa vivência enquanto encarnados e caracterizada pelo tipo de morte sofrida.

Interessante considerar que o conhecimento do Espiritismo e das leis que regulam o intercâmbio com o mundo espiritual exercem influência no sentido da compreensão que o Espírito tem com a nova situação na qual se encontra. Todavia, a prática do bem e a pureza de consciência exercem maior poder quanto ao que irá sentir após a desencarnação.

Kardec esclarece, dando-nos uma ideia mais clara de como iremos nos sentir após desencarnarmos, quando preenchemos as condições morais de uma consciência pura, sem remorsos ou culpas:

- Liberdade e tranquilidade.
- Bem-estar.
- Alegria do retorno.
- Felicidade pelo reencontro com os amigos, parentes, mestres.

Ao contrário, se temos o conhecimento espírita e não o praticamos, se não educamos nossos sentimentos, experimentaremos:

- A sensação de fracasso.
- Culpa pelo tempo perdido.
- O constrangimento pela omissão diante do que poderíamos realizar para nosso progresso moral.

Mesmo assim, resta-nos o consolo de saber que seremos socorridos pela bondade dos benfeitores espirituais que aguardam nossa chegada. A ajuda estará relacionada ao nosso merecimento, e usaremos a prece por recurso essencial.

Vencidos os minutos ou horas de perturbação espiritual, que acompanha o desprendimento do corpo físico, nosso pensamento deverá obter, por meio da oração, o apoio e o socorro de que necessitamos.

Portanto, querido leitor, estejamos preparados para esta grande e inevitável viagem.

> Assim considerando, em muitos casos, para morrer e logo desencarnar e libertar-se é necessário ter merecimento. (...).
> Nesta proposta – morrer e desencarnar, termos da equação da vida –, o homem de bem opta pela conduta de libertação, graças à qual, tão logo ocorra a interrupção da vida orgânica, ele se desprende dos despojos físicos e de suas implicações escravocratas, ensejando-se-lhe a libertação real, no retorno feliz ao lar que o aguarda após a experiência evolutiva ora concluída.[48]

---

[48] - Divaldo FRANCO, *Temas da vida e da morte*, cap. "Morte e desencarnação".

Quem ama nunca está a sós...

Neste alvorecer, espessa névoa recobre a cidade que ainda dorme.

Algumas luzes permanecem acesas como lanternas ofuscadas pela bruma, deixando entrever de forma tênue a claridade que ilumina ruas e alguns prédios de meu bairro.

A temperatura mais amena desta noite outonal denota que o estio já se distancia, abrindo espaço para que novo ciclo surja no calendário da vida.

Recordações afloram em minha mente e me deixo embalar pela emoção. Compreendo, então, que semelhante à Natureza que persevera, seguindo as leis que regem o Universo, devo prosseguir com humildade e fé, tendo a certeza de que tudo se renova e se transforma sob o comando de Deus.

Acendendo as luzes da esperança em meu coração passo a entender que as dores da alma e os desenganos me despertam para novas responsabilidades diante da vida e dos que caminham ao meu lado.

Elevo meu pensamento e oro com enternecimento e gratidão a Deus pelas bênçãos da compreensão e do amor em minha vida, aceitando seus desígnios que sinalizam os deveres que devo, ainda, realizar.

Entretanto, muitos ainda não compreendem a ventura de sermos filhos de Deus, herdeiros do Universo destinados à perfeição e à felicidade real.

Perdem oportunidades valiosas em lamentações e deixam-se arrastar pela onda de pessimismo e descrença, sofrendo as dores da amargura e do desencanto.

Deixam-se abater pelas farpas da angústia e na solidão esquecem-se do amor e da solidariedade dos que os cercam. Entretanto, não conseguem compreender que para serem ajudados e soerguidos dos abismos da solidão e da descrença, terão de se esforçar humildemente, aceitando a dor como lapidadora de nossas almas a nos impulsionar para o bem e para a luz.

Quando amamos verdadeiramente não nos cansamos nem desanimamos diante dos infortúnios ou da ausência dos que partiram, porque o amor é como um foco de luz ínsito em nós, mas para brilhar depende de nosso esforço e compreensão ativando-o com o amor aos semelhantes, estendendo as mãos em socorro aos que sofrem mais do que nós e impulsionando-nos a caminhar sempre na direção correta, cumprindo nossos deveres e enfrentando os desafios com destemor e fé.

Ao esquecermos um pouco de nós, abrindo espaço na mente e no coração para aconchegar aquele que padece, triste e solitário, nós nos sentimos fortalecidos para prosseguir na jornada.

Lembro-me com enlevo das palavras do poeta quando nos incentiva a amar:

> Nunca estamos sós quando amamos... Como raízes na madre da terra, estamos entrelaçados pelo tempo... Contempla o céu... Respira o ar... Escuta a melodia da

> Natureza... Confia no amor que não cessa... Canta a esperança na ausência breve, e apercebe-te de que a vida, na morte, nada mais é que nuança nova, em início de alvorada sem fim...
> E a alma, extasiada, que reclinara ao amor, como um perfume em corola delicada, despertou na noite fria, aos abraços do vento, para continuar a viver![49]

Quando iniciei nossa conversa neste capítulo, diante da beleza do amanhecer, procurava repassar para você, querido leitor, o que sentia e ouvia na contemplação da Natureza, motivando-me a ter esperança, a confiar no amor e seguir com fé e otimismo, sem esmorecer, porque somente alimentando nosso coração com estes sentimentos poderemos vencer as sombras que tentam nos distanciar da luz do entendimento e da confiança em Deus.

Aprendo muito com as lições vivas da Natureza e ela, em seus ciclos e mutações, ensina-me com seu ritmo a ter paciência e perseverar, despertando em mim a coragem e a esperança em dias melhores e em nossa destinação espiritual, na condição de filhos de Deus que somos.

Nas lutas e sofrimentos do caminho, temos de compreender o que se passa, realmente, em nosso mundo íntimo e racionalizar o que desejamos da vida, o que sonhamos e o que nos fará felizes dentro das limitações impostas pela nossa condição espiritual. Dar tempo para nos programar diante das dificuldades e desafios da vida, analisando calmamente acerca do que nos retém na sala escura do eu, egoísta e insensível ao que está ao nosso redor, dificultando a visão mais ampla dos objetivos existenciais.

---

[49] - Divaldo FRANCO, *Filigranas de luz*, cap. "Parábolas", item 18.

Meditar, refletir e fazer emergir soluções que estão dentro de nós, mas escorados na fé e na compreensão de modo a entrarmos em oração, em conexão com a Fonte Criadora da Vida, nosso Pai, que espera de todos nós o planejamento de uma vida nova, pautada na educação moral, no desenvolvimento das virtudes latentes que trazemos, no equilíbrio de nossas emoções que só irão desabrochar mediante nosso esforço em cumprirmos Suas Leis.

Vocês já repararam como ficamos animados diante de um projeto novo, de uma perspectiva melhor para nossas vidas, da realização de um sonho?

O mesmo poderá suceder se nos dispusermos a mudar nossa conduta para melhor e, amparados pelos bons propósitos, ter esperança, acreditar que poderemos realizar nossos sonhos e viver em paz com nossa consciência.

> Quando algum bom propósito ou algum projeto extraordinário nos inspira, todos os nossos pensamentos nos libertam, nossa mente transcende seus limites, nossa consciência se expande em várias direções e nos vemos em um mundo novo, grande e maravilhoso.
> Forças, habilidades e talentos adormecidos ganham vida, e descobrimos que somos muito maiores do que jamais sonhamos que pudéssemos ser.[50]

Prossigamos confiantes em nossa destinação espiritual e acendamos as luzes da esperança em nossos corações.

---

[50] - Eillen CAPBELL, *Tempo de viver*, cap. 2.

Estenda suas mãos para as estrelas...

Sinto profunda admiração ao contemplar as mãos de alguém que se acerca de mim.

Não é uma admiração simples que me enternece. É algo mais profundo que me faz refletir no porque deste fascínio que me leva a observá-las quando as observo. Demoro-me neste enleio, conjecturando e refletindo em torno de suas linhas, sua forma, se apresentam desgaste pelos anos vividos ou se estão alvas e lisas, conservadas, sem as marcas que denotam o tipo de vida de seu portador.

Portanto, o que sinto não se prende à beleza física, à suavidade das linhas, à cor ou textura da pele porque é inerente ao que não se pode ver e que não é tangível. Em minha percepção, eu as vejo por alavancas que se manifestam em suas atitudes, e é justamente aí que surge a beleza e o indefinível prazer que sinto em admirá-las.

Muitos poetas e pensadores já escreveram sobre as mãos tangendo as cordas da emoção e as colorindo com a beleza dos versos suaves e românticos. Outros, recordando o carinho de mãe, a inigualável ternura que sentiam quando ela os tocava ou cingia ao peito amoroso, tentando resguardá-los das intempéries da vida.

Pintores reproduziram as mãos de santos e profetas, em cores e formas suaves ou abruptas, transmitindo a emoção de que se sentiam possuídos pela recordação que suas vidas revelavam.

Lindas e suaves, abençoando e soerguendo os tristes e oprimidos, consolando os que sofrem e mitigando a sede dos que buscavam ao seu lado a água da vida imperecível, pintaram ou esculpiram as mãos de Jesus.

Nossos gestos de amor ou de hostilidade irão refletir em nossas mãos que se apresentarão moldadas e estioladas, demonstrando o que somos, o que pensamos e o que fazemos.

Poderão exaltar o gesto amoroso de quem acolhe ou a dureza de quem repele.

Poderão erguer ou destruir, amar ou matar corpos indefesos, amedrontando os que caminham em sua direção.

Mãos que salvam, confortam, aconchegam ou ainda as que desprezam, destroem, ferem os que suplicam compaixão.

Há mãos que se erguem aos céus a implorar, como hastes de flores, abrindo-se ao toque da brisa suave da manhã sob o afago do sol.

Existem aquelas que apontam caminhos, orientam, ensinam, conduzem vidas.

Mas existem mãos que acusam, destroem sonhos, aniquilam e abatem a Natureza, desrespeitando a vida em sua expressão mais harmoniosa.

Há mãos que amparam, protegem, agasalham corpos indefesos, como o amor de mãe acariciando e envolvendo os filhos do coração, gerados por outras mães que os abandonaram.

Mãos abençoadas que curam, que tocam o outro sanando males, buscando debelar o sofrimento, reparar ou refazer o processo da vida.

Há mãos que cortam com o bisturi o corpo enfermo, drenando o mal, corrigindo formas, sanando enfermidades.

Outras existem que indicam caminhos, registram fatos, analisam, orientam redirecionando a vida, estabelecendo novos rumos.

Mãos que livram as mentes da ignorância e espargem luzes e direcionam as vidas com o conhecimento, educando e iluminando caminhos.

Há mãos que voam feito pássaros ou seres alados em movimentos suaves da melodia ou no ritmo de um bailado.

Mãos de artistas, músicos, bailarinos esvoaçando em gestos de amor.

Mãos que escrevem, distribuindo bênçãos de paz e luzes de esperança, esclarecendo e confortando os que sofrem.

Contemplo as mãos humanas pelo seu poder e me torno humilde diante daquelas que somente ajudam e se compadecem dos que sofrem.

No suceder das vidas, até as mãos inertes ou que maltratam um dia espargirão perfumes, bênçãos e flores de gratidão, despertando para o amor.

Nestas reflexões, penso em suas mãos, estimado leitor. Como as tem usado?

Estão vazias, frias, desoladas em abandono e solidão?

Apontam os erros alheios, esquecendo de analisar como você utiliza suas mãos nos deveres de cada dia?

Reflita nas bênçãos da vida que o cercam e o envolvem ao amanhecer e tente mudar a direção de seus gestos. Olhe suas mãos tão vazias e busque preenchê-las com as flores do amor, da caridade, do afago aos que estão ao seu lado, tão perto do seu coração.

Estenda suas mãos para as estrelas, sonhe com um mundo de paz, de generosidade e de fraternidade!

E neste exercício de amor ao que está mais próximo de você, conseguirá estender suas mãos em auxílio aos que sofrem, transformando-as em alavancas do bem.

As mãos que trabalham no bem nunca estão vazias!

Semeando a bondade, em suas mãos vão se acumulando as bênçãos do amor que se eternizam em gestos de solidariedade para todos os que enxergam em você o alento para viver.

> Nunca te facultes o desânimo ante as dificuldades da tarefa.
> Faze o melhor ao teu alcance, distribuindo sementes de luz como o Sol benfazejo que beija o charco tomado do mesmo carinho com que oscula as pétalas de delicada rosa...[51]

---

[51] - Divaldo FRANCO, *Entrega-te a Deus*, cap. 17.

SENSIBILIDADE E COMPAIXÃO

Minha sensibilidade aflora e se acentua quando contemplo o novo amanhecer, embora as nuvens densas não me permitam ver o sol despontando na montanha, mas sua luminosidade abençoa a Terra, evidenciando mais um dia no calendário da vida.

No inverno, já nos acostumamos a aguardar o despertar da Natureza que retarda um pouco mais em sua demonstração de luzes e cores, trazendo para nossa alma o doce enlevo de que estamos inseridos nesta metamorfose natural.

Somos parte deste Universo e essa interdependência que todos os seres vivos têm com a Natureza é percebida pelos que se colocam em observações mais intensas na busca do conhecimento.

Não é um privilégio constatar essa verdade, basta analisar como reagimos diante do tempo, das mudanças normais dos ciclos e estações, das intempéries, das benesses de um dia de sol, da generosidade da chuva que refresca a terra ressequida pelo excesso de calor e sentirmos que fazemos, realmente, parte da Natureza.

É o nosso habitat, nosso lar, nossa morada e desde nossa criação interagimos com o meio ambiente.

Essas reflexões resultam da observação de mais um dia neste alvorecer, e como pretendo conversar com você, querido leitor, acerca da sensibilidade, introduzi esse assunto com essas ponderações.

Nossa alma exercita por meio de tudo o que nos chama atenção ou desperta nossa compaixão para o sentimento enobrecido da piedade que antecede a sublimação do amor através da caridade para com o próximo.

Quase não se usa mais o termo piedade. Mas, habitualmente desejamos muito que os outros se apiedem de nós e muitas vezes em preces contritas formulamos rogativas a Deus para que se apiede de nós.

Em *O Evangelho Segundo o Espiritismo*, cap. XIII, item 17 nas Instruções dos Espíritos, Kardec inseriu uma mensagem do Espírito Miguel (Bordéus, 1862) na qual percebemos a delicadeza com que é descrita essa virtude. Ele a inicia dizendo que:

> A piedade é a virtude que mais vos aproxima dos anjos; é a irmã da caridade, que vos conduz a Deus. Ah! Deixai que o vosso coração se enterneça ante o espetáculo das misérias e dos sofrimentos dos vossos semelhantes. Vossas lágrimas são um bálsamo que lhes derramais nas feridas e, quando por bondosa simpatia chegais a lhes proporcionar a esperança e a resignação, que encanto não experimentais![52]

Quando, realmente, somos tocados pelo sentimento de amor ao próximo, a ternura e a bondade conduzem nossos gestos no atendimento ao que padece as dores da alma e carece de recursos materiais para sobreviver com dignidade. Ao contrário, o egoísmo e o orgulho distanciam o ser humano deste

---

[52] - Allan KARDEC, *O evangelho segundo o espiritismo*, cap. XIII, it. 17.

despertar para a necessidade do outro, esquecidos de que ninguém poderá viver somente em função de seus desejos pessoais e objetivos materiais, sem a mínima preocupação com os que sofrem privações morais e físicas.

E a mensagem a seguir chama nossa atenção para a felicidade que a alma sente quando se deixa levar pelo sentimento nobre da piedade. Atentemos para as palavras do nobre Espírito Miguel:

> Envolve-o penetrante suavidade que enche de júbilo a alma. A piedade, a piedade bem sentida é amor; amor é devotamento; devotamento é o olvido de si mesmo e esse olvido, essa abnegação em favor dos desgraçados, é a virtude por excelência, a que em toda a sua vida praticou o divino Messias e ensinou na sua doutrina tão santa e tão sublime.[53]

A conquista do prazer e o esquecimento dos deveres morais para com o próximo, depois de alcançados os anseios egoístas e estritamente materiais, deixam na alma certo vazio que se transforma em tédio e desencanto.

Alguns indivíduos, descuidados com seus deveres para com a comunidade em que vivem, mostram-se indiferentes às dores alheias e se preservam de qualquer tipo de preocupação com os apelos que lhes chegam para ajudar os que padecem privações. A indiferença moral diante do infortúnio alheio é característica de pessoas egoístas e orgulhosas que, ainda, desconhecem o valor da caridade, os benefícios do amor em suas vidas e, principalmente, não cogitam das coisas espirituais por-

---
[53] - Allan KARDEC, *O evangelho segundo o espiritismo*, cap. XIII, it. 17.

que ignoram ou se colocam indiferentes a tudo que possa ofuscar sua felicidade irreal e transitória.

A indiferença, quando gera complexo de culpa, é danosa ao psiquismo humano, porque traz o desequilíbrio da emoção e frustra a alma dos sentimentos enobrecidos que a fariam viver em clima de paz e plenitude.

Cada um de nós faz a diferença ao agir com altruísmo e bondade, percebendo que a fraternidade real somente acontece quando há disposição para amar e compreender o irmão do caminho. A começar por nós mesmos, amando e nos aceitando com nossas limitações para entender o próximo em suas dificuldades e equívocos, em suas necessidades e carências. Quando bem interiormente, mais facilmente compreendemos o outro sendo compassivos e piedosos para com ele.

Iniciaremos com gestos mais simples de simpatia, uma palavra de bondade, um toque de carinho, a mão estendida, o abraço afetuoso e compreensivo, o diálogo esclarecedor e fraterno. São atitudes de bondade, demonstrando que estamos tentando ampliar o sentimento de amor ao que nos procuram, necessitados de compreensão e apoio.

Na reciprocidade da vida, quando damos amor é certo que ele voltará para nós em doses que nos surpreenderão, como benesses em momentos de necessidades e carências.

Sêneca já dizia no Século I A.C., que *onde quer que haja um ser humano, há uma oportunidade para o bem.*[54]

Os nossos irmãos budistas colocam na bondade e no amor ao próximo a religião de todos os que desejam conquistar a paz.

---

[54] - Apud Eileen CAMPBELL, *Tempo de viver*, cap. 9

Tenzin Gyatso, 14º DALAI LAMA do Tibet, ensinava aos seus discípulos:

Minha religião é muito simples. Minha religião é a bondade.[55]

Jesus Cristo, nosso Mestre, coloca o Amor como a base de Sua Doutrina, ensinando-nos o caminho da verdade e da vida.

Para encerrar, volto a falar em sensibilidade, que foi o que chamou minha atenção para este assunto, desejo enfatizar a necessidade de nos motivarmos mais e prestarmos mais atenção às necessidades do próximo, procurando externar em gestos de bondade e compreensão o sentimento nobre da piedade que nos leva a ter compaixão pelo que sofre.

E percebo, agora, através da janela, que a Natureza já se abre em luzes e cores para enfeitar essa manhã, e repasso o pensamento nobre de Thich N. Hahn, pacifista e monge budista que viveu no século XX, prometendo a mim mesma ter a mesma atitude:

> Sorrio ao acordar esta manhã. Vinte e quatro horas novinhas estão diante de mim. Prometo vivê-las plenamente em cada momento e olhar com compaixão para todos os seres.[56]

Sensibilizada pelas palavras do pacifista desejo, sinceramente, que você faça o mesmo!

---

[55] - Apud, Eileen CAMPBELL, *Tempo de viver*, cap. 9
[56] - Eileen CAMPBELL, op. cit.; loc. cit.

DEIXE O PASSADO: DESAPEGUE-SE

Há momentos na vida que nos deixamos envolver pelas lembranças do passado, sofrendo e lastimando sem nos dar conta de que nada poderá ser alterado em relação ao que está registrado apenas na memória.

O que importa é o presente.

Precisamos cuidar dele com equilíbrio e discernimento, realizando o que nos compete com boa vontade e otimismo, buscando sempre o melhor ao nosso alcance.

Recordar o que já vivemos, ensejando-nos momentos de felicidade e paz, exteriorizando o que realizamos, enriquecendo nossas vidas e encorajando-nos a prosseguir, é diferente de viver do passado, reclamando sempre do presente e perdendo um tempo precioso na construção de um futuro promissor.

Deixar os acontecimentos fluírem, naturalmente, envidando esforços para, aos poucos, desapegar de tudo o que não é essencial nos dias atuais é atitude correta e sensata. Desapegar-se é tarefa muito difícil e nos faz sofrer quando damos excessivo valor às conquistas materiais, às pessoas que amamos, aos títulos, às opiniões dos outros, ao preconceito, às memórias arquivadas enaltecendo valores que não nos servem atualmente.

Não devemos esquecer, nunca, da impermanência das coisas e pessoas.

O desapego é saudável porque nos liberta, permitindo que nossa alma alce voos mais altos em direção às conquistas inalienáveis e duradouras.

Demoramos muito tempo para desapegar das dores morais, da tristeza, dos infortúnios, das ingratidões e desencantos que acumulamos como se fossem riquezas e bens rotulados de inestimáveis, pela atitude egoísta que não nos permite esquecer, perdoar, prosseguir, libertar das coisas desnecessárias e inoportunas.

Acredito que nossa dificuldade maior em nos libertar desse fardo inútil seja nossa incapacidade de perdoar, de romper com as amarras da inquietação e do ressentimento, criando obstáculos a uma vida feliz. Somente o perdão é que liberta, levando à arte de desapegar, despojar do que faz sofrer, aprisionando a mente.

O perdão libera a alma, possibilitando um caminhar leve, uma vivência no presente, em sua plenitude.

> Somente quando praticamos o perdão é que somos capazes de alcançar a paz interior. Perdoar é permitir que o passado nos deixe, e, portanto, é o meio para corrigirmos nossa percepção errônea das coisas.
> Essa percepção só pode ser restaurada agora, e o único modo que temos de alcançá-la é pararmos de dar importância ao que pensamos que alguém nos tenha feito ou que pensamos ter feito a alguém.[57]

Neste recomeço, aprendendo a nos desvencilhar de tudo o que não é benéfico, o autoconhecimento e a intros-

---

57 - Eileen CAMPBELL, *Tempo de viver*, cap. 5.

pecção mostram que o melhor procedimento é o perdão a nós mesmos. E nesse processo de recomeçar, a observação da Natureza nos enriquece com suas lições e exemplos em todos os momentos que nos detemos a contemplá-la, aprendendo muito.

Em seus ciclos que se alternam periodicamente, ela reconstrói, refaz e vence o desgaste do tempo, contorna os empecilhos que tentam limitar sua grandeza, segue sempre em frente adornando o céu com as luzes do amanhecer, perfumando os campos com as flores que, embaladas pelo vento, cantam versos de gratidão a Deus em sua simplicidade e pureza.

Enfrentando vendavais, terremotos e tempestades, a natureza retorna vencedora após a luta que a vergasta, mas confiando sempre em seu poder de refazimento, corajosa e destemida diante dos empecilhos.

As flores na primavera ressurgem sempre com intensa beleza, após serem devastadas pelo inverno ou podadas para o recomeço.

A vida é um exemplo de transformações e mudanças constantes, alternando sombras e luzes em nosso caminho evolutivo.

Assim também poderemos vencer as inquietações da posse, do desejo de acumular, de reter para que a vida possa fluir livremente e conquistarmos o direito de ser livres.

Nada aprisiona mais a mente do que o desejo de posse.

Somente somos livres quando aprendemos a arte do despojamento, da libertação do supérfluo, do passado de culpas ou de conquistas efêmeras.

Reflexões mais apuradas poderão nos levar às soluções que buscamos no exercício e aprendizado do desapego e na conquista da maturidade psicológica.

Joanna de Ângelis leciona que:

> Quando se adquire maturidade psicológica, embora se preservem bens materiais, valorizam-se mais aqueles que são do Espírito, da realidade perene, expressões elevadas da vida.
> O que se possui de mais precioso é a oportunidade existencial, pois que ela enseja todas as outras ocorrências e conquistas, permanecendo como patrimônio inalienável do ser no seu percurso evolutivo.
> Quando lúcido, vive intensamente seu momento, cada momento, florescendo onde se encontra, sem os tormentos de realizar-se nessa ou naquela outra parte, criando raízes e desenvolvendo-se, livre das injunções da ambição desregrada, das paixões perturbadoras, das fixações inquietantes, aberto às novas realizações que harmonizam.
> Torna-se, desse modo, parte integrante do Universo, no qual se encontra e que o convida a conquistá-lo.[58]

Neste estágio o ser já conseguiu a autorreparação através do conhecimento de si mesmo e aprendeu as lições da vida, conquistando a felicidade real.

---

[58] - Divaldo FRANCO, *Vida: desafios e soluções*, cap. 5, item: "Lições de vida".

Reflexões: nossas mães...

Estamos no outono e as folhas ressequidas das árvores que enfeitam a rua começam a amarelecer, deixando-se cair em suaves bailados sob o toque carinhoso do vento.

Algumas flores perduram castigadas pelo frio que já se acentua na madrugada e insistem em aguardar o sol que as acaricia iluminando a vida em cada amanhecer, espargindo o perfume suave que a brisa traz até minha varanda.

Contemplo o céu ainda cinzento e com nuvens que se acumularam durante a noite, aguardando que amanheça e a via se renove em bênçãos de oportunidades neste recomeço.

Sou grata a Deus por mais um dia de vida e oro contrita em louvor a tudo o que admiro e enfeita meu novo dia, mas também rogo a proteção espiritual para todos nós que iremos vivenciar mais uma etapa de nossa romagem evolutiva.

Reflexões mais acentuadas me levam a pensar no significado deste dia que é consagrado às mães.

Sabemos que todos os dias são importantes na vida de todos os filhos que conseguem reverenciar sempre aquela que lhe deu a vida e o cumulou de atenções e orientações pelos caminhos da Terra, entretanto, o domingo consagrado às mães tem conotação diferente que mexe com nossa emoção, aflorando lembranças da infância, dos gestos de amor que enriqueceram nossa existência ao lado deste anjo de amor e bondade que nos gerou e prossegue no mundo espiritual a nos guiar e proteger, intercedendo por nós, orando por nós.

Poetas e pensadores, escritores e pintores retratam a figura de mãe com poesia e sensibilidade, tecendo guirlandas de luz através da inspiração que lhes toca a alma quando falam da figura excelsa de suas mães.

São raros os que não se comovem com as recordações da infância e do carinho deste ser inigualável que nos acalentou em seus braços com tanto amor, sonhando com um mundo de paz e alegrias para todos nós, seus filhos.

Entretanto, na modernidade o papel materno tem sido alterado face às novas posições e conquistas da mulher na sociedade.

Com exceções que enaltecem o valor da mulher no lar e na formação dos caracteres morais e culturais do ser humano, muitas mães se tornam negligentes quanto ao desempenho de suas tarefas e aos cuidados relacionados à educação dos filhos.

Entretanto, a maioria das mães, com formação cristã e ciente da grande responsabilidade de sua missão junto aos filhos, consegue sobrepor todas as dificuldades e se entregar com amor e devotamento à realização de seus deveres.

Infelizmente, muitas pessoas menosprezam os sacrifícios que as mães modernas fazem para realizar o que lhes compete, tanto no lar quanto na sociedade, colaborando com a família em toda a sua extensão, estudando, aprendendo a ser mais eficiente, ajudando os filhos e seu companheiro a manter um lar digno e que possa atender às necessidades básicas de seus filhos.

Todavia, por mais que depreciem a figura materna, não conseguem diminuir a grandeza do amor que as mães possuem e a capacidade de renúncia e de enfrentamento corajoso perante os desafios da vida.

Mãe é símbolo de amor e desprendimento, de segurança e bom-senso, de perdão e compreensão diante de todos os que dependem de seu afeto e proteção. Não importa seu nível social ou se é graduada intelectualmente, todas elas se igualam quando lutam por seus filhos e por seus ideais de amor.

Em todas as nacionalidades e em todos os recantos do mundo a figura de mãe é enaltecida por seus valores morais, por sua meiguice mesclada de energia e coragem, disposta a lutar e a defender sua família em todas as circunstâncias que se apresentem.

Ser mãe, dizia o poeta, é padecer no paraíso. Não existe um lar bem estruturado sem o amor de mãe, sem sua presença constante preservando o ambiente doméstico do que poderia ser nefasto ou prejudicial aos seus familiares.

A Doutrina Espírita valoriza o papel da mulher no lar e na sociedade. Desde a Codificação Espírita, ela é reconhecida e admirada pelo desempenho correto das funções corretas e dignas que desempenha. Encontramos em *O Livro dos Espíritos*, na questão 822a, na resposta que os Espíritos Superiores fornecem a Allan Kardec, bem definida a posição da mulher perante a sociedade. Além de estabelecer que os direitos sejam iguais para ambos os sexos, explica que as funções não seriam idênticas pela própria constituição feminina e suas aptidões, entretanto, comenta que:

> (...) A emancipação da mulher acompanha o progresso da civilização. (...). Os sexos, aliás, só existem na organização física. Já que os Espíritos podem encarnar num e noutro, sob esse aspecto não há nenhuma diferença entre eles, devendo, por conseguinte, gozar dos mesmos direitos.[59]

Há um mistério que não conseguimos decifrar em relação ao amor de mãe. Nada se lhe compara aqui na Terra. Talvez, Deus tenha concedido à mulher – partícipe da criação do ser humano – algo a mais em sua formação.

Este amor que se expande e não cessa nunca, seja qual for a situação ou o sentimento que os filhos lhe devotem, é incompreensível para os que não tenham sensibilidade quando tocados por esse sentimento e pela gratidão. As mães são autênticas e mantêm a mesma postura, aguardando que os filhos retornem aos seus braços. O importante é que sejam felizes! Deve ser por esta capacidade de amar tão imensurável, que o amor de mãe é o que mais se assemelha ao amor de Deus por seus filhos.

Confesso que minha maior felicidade aqui na Terra, na presente vida, foi ter sido mãe e me recordo enternecida do primeiro parto, quando minha filha nasceu. Quando ela aflorou e senti seu toque, uma sensação nunca experimentada e jamais repetida, ficou incontestável para mim que não haveria em minha vida outro momento igual e inesquecível demarcando minha vida no antes e no depois. Talvez este momento supremo tenha sido o prenúncio da felicidade real que somente o amor e a afinidade espiritual poderão nos conceder.

---

[59] - Allan KARDEC, *O livro dos espíritos*, cap. IX, q. 822 a.

Amor de mãe e filho – elo indestrutível entre os que se amam, vínculo que se eterniza além da vida.

Recordando o amor de minha mãe e das que se fizeram mães do coração, apoiando-me com amor e solicitude, a minha gratidão e o respeito pela grandeza de seus gestos ao longo de minha vida, enriquecida por suas presenças queridas.

REFLEXÕES SOBRE O PERDÃO

Tivemos a felicidade de participar de alguns *Encontros com Divaldo* que são realizados, anualmente, em Salvador.

Em todos eles nos sentimos confortados e assimilamos inúmeras lições enfocando os ensinamentos de Jesus, o que nos propiciou momentos enriquecedores num ambiente de muita fraternidade e amor.

Todos os temas apresentados foram de excelente qualidade, favorecidos pela presença do querido Divaldo que soube conduzir suas prédicas e comentários com lucidez e discernimento, revestidos de vibrações elevadas e oportunidades para todos nós de auferirmos nossa conduta diante dos desafios existenciais.

Mas quando ele falou a respeito do perdão, numa tarde de rara beleza sob o sol benfazejo daquela terra inesquecível, a amiga que me acompanhava anotou com carinho e repassou para mim alguns itens que desejo comentar com vocês.

Um fato importante levou-me a incluir neste livro estes comentários e falar do perdão com o intuito de despertar nossas consciências para uma realidade da qual não podemos fugir nem desvirtuar com evasivas ignorando o que sentimos, realmente.

Quando saímos desse seminário, após a apresentação feita por Divaldo, notamos que algo mudara dentro de nós.

Comentamos a leveza e a paz que sentíamos como se nosso espírito tivesse recebido uma luz diáfana que penetrava o íntimo, trazendo nova perspectiva diante dos desafios e lutas do caminho.

As lições que foram ministradas caíram feito linfa abençoada em nosso coração, amenizando as dores da alma e demonstrando que não foram em vão todas as vezes que conseguimos perdoar e seguir nosso caminho de cabeça erguida, sem esmorecer, sem ressentimentos ou mágoas.

Por isso, estimado leitor, desejo que você também encontre, do mesmo jeito que encontramos naquele encontro memorável, a mesma luz direcionando sua vida.

Tudo o que escrevo a seguir foi comentado pelo nosso irmão Divaldo naquela tarde, adaptando alguns trechos neste capítulo.

Você consegue perdoar?

Diante de quem feriu seus sentimentos você consegue manter a serenidade íntima e envolvê-lo em vibrações de paz e compreensão?

Ou precisa revidar para se sentir recompensado de forma ilusória, mesmo sabendo que essa atitude não irá minorar seu ressentimento?

Perdoar eleva-nos acima do ofensor e nos permite transcender o mal. O gesto do perdão ensina a nos colocar acima de qualquer mal. A psicologia do perdão leva o ser humano a não retaliar, a se manter puro, aliviando seu coração para lograr a plenitude da vida.

Quando atinge esse estágio o homem compreende a mensagem inigualável do Sermão da Montanha e fica impregnado pelas palavras de Jesus, conseguindo através do amor exercitar, realmente, o perdão.

A Dr.ª Robin Casarjian, psicoterapeuta, coordenadora de seminários acerca de técnicas e psicologia do perdão, apresenta abordagens muito interessantes sobre este tema levando-nos a reflexões mais profundas:

1 – O perdão é uma opção – a de não carregar raiva e rancor pelo resto da vida. (Não carregar lixo mental).

2 – Perdoar não significa negar suas emoções. Essa atitude não conduz ao verdadeiro perdão.

3 – Respeite seu tempo, caso ainda não esteja preparado ao perdão, mas estabeleça prazos para não permanecer infinitamente ressentido.

4 – A raiva é uma emoção que pede reconhecimento, respeito e ajuda. Perdoar é dar a ela, além de tudo isso, uma porção de amor.

Ame como se fosse uma verdadeira mãe. Buda estabelece oito fases para a compaixão.

5 – Para perdoar, procure avaliar as atitudes e não julgar as pessoas.

6 – Para perdoar não é preciso concordar com comportamentos equivocados, mas reconhecer a humanidade do outro.

7 – Não é necessário desejar a convivência próxima com o outro, porém começo a perdoar quando não lhe desejo mal.

8 – O perdão se inicia com um acordo interno e pode ocorrer mesmo que não seja possível conciliá-lo ao outro.

Namastê: o Deus que está em mim saúda o Deus que está dentro de você.

9 – Perdoar é sinal de autoamor, porque nos liberta do veneno do ressentimento e das amarras do passado.

10- O perdão nos permite ver o outro além das máscaras, além de suas limitações e momentos difíceis e enxergar a Essência Divina.

11- Perdoar não é esquecer, mas se libertar do conteúdo emocional perturbador.

12 – O Perdão nos liberta do medo de amar e nos torna livres para viver o amor mais profundamente em nossas vidas.

Sejamos nós aquele que perdoa.

Somente através do amor atingiremos patamares mais elevados de harmonia, paz e sensibilidade transformando nossas vidas em conquistas enriquecedoras no processo de desenvolvimento moral e intelectual.

Segundo o pensador russo Fiódor Dostoiévski a beleza salvará o mundo.

A seguir, comentamos o que assimilamos do tema:

Não devemos nunca nos sentir culpados, mas responsáveis, inclusive pela reabilitação, pela reparação do mal.

Sentir-se culpado é carregar cargas emocionais de grande significado que, invariavelmente, asfixiam o ser.

Divaldo afirmou que o indivíduo maduro psicologicamente assume a responsabilidade pelos seus atos.

E nós podemos afirmar que ao perdoar quando ofendidos ou pedir perdão quando somos os ofensores alivia o coração, e a mente fica desanuviada, receptiva ao bem, torna-se responsável diante da vida, buscando vivê-la em plenitude.

Livres de ressentimentos, faremos do amor e da caridade o principal sentido de nossas vidas, realizando sempre algo em favor do outro, transformando-nos assim em seguidores de Jesus a iluminar a estrada daqueles que caminham na escuridão da noite da miséria e da iniquidade.

Finalizando, Divaldo desejou que o suave aroma do Evangelho tocasse nossos sentimentos neste amanhecer de uma Nova Era, quando os expoentes do passado, de todas as áreas, já estão de retorno para contribuírem na formação de uma humanidade mais bela, fraterna, vivenciando a paz e o amor.

Foram essas as lições que aprendemos naquela tarde, e muita coisa mudou dentro de nós, para melhor, principalmente nossa capacidade de amar e compreender o outro, mesmo quando agredidos ou criticados, feridos em nossas aspirações mais nobres.

Hoje, recordando aqueles momentos tão sublimes, minha alma se aquieta e ora a Deus em agradecimento pela dádiva da vida, do amor, dos amigos que se acercam de mim e demonstram gratidão, mas também pelos que incompreensivos me julgam e condenam, porque são esses os que me ajudam a crescer moralmente e a superar as dificuldades que, certamente, são alavancas no processo de reajuste para meu espírito em sua linha de ascensão espiritual.

Momentos como esses tão ricos de ensinamentos e luzes para nossos espíritos, pois demonstram que a plenitude da vida é uma conquista espiritual pessoal e intransferível, cabendo a cada um o esforço para adquiri-la.

Uma vez mais, ensina-nos Joanna de Ângelis:

> Quando a criatura compreende que se encontra na Terra em trânsito, realizando um programa que se estenderá além do corpo, na vida espiritual, realiza o autoencontro, e, mesmo quando experimenta o fenômeno da morte, defronta a vida sem sofrer qualquer perturbação ou surpresa, mergulhando na Amorosa Consciência Cósmica.
> Certamente pensando em tal realidade, propôs Jesus:
> – Busca primeiro o Reino de Deus e Sua justiça, e tudo mais te será acrescentado.
> Despertar para a vida é imperativo de urgência, que não podes desconsiderar.[60]

---

[60] - Divaldo FRANCO, *Momentos enriquecedores*, cap. 14.

Tempo para ser feliz...

Da varanda do meu quarto, contemplo a cidade que ainda dorme.

Há profundo silêncio em torno de mim. Nem os pensamentos que afloram neste momento de reflexão, olhando a paisagem, perturbam a quietude que me envolve, e, em prece de gratidão a Deus, permaneço nesta admiração que se renova a cada amanhecer.

O céu se deixa colorir de um azul pálido, apagando as brumas da noite, contrastando com as nuvens cilíndricas, estáticas e avermelhadas que se estendem ao longo da montanha, cortando o horizonte de forma simétrica.

Envolvendo-me o ser, a beleza deste tempo outonal afasta de mim a solidão e posso extravasar o que me encanta, em palavras que chegam até seu coração, querido leitor, e assim compartilhar a excelsa beleza da vida em sua constante renovação, ensejando-nos oportunidades neste recomeço.

Ainda brilha no céu a estrela solitária que nesta época permanece mais tempo como se aguardasse por nós a cada amanhecer. Converso com ela, falo dos segredos de meu coração e sei que me entende porque conhece meus anseios quando a contemplo em reflexões demoradas, envolvida pela grandeza de tudo o que me cerca.

Não há solidão que perdure diante de tanta beleza. Apenas a quietude e a harmonia dentro e fora de mim, induzindo-me a manter a esperança e a coragem para prosseguir meu caminho e semear as luzes que já posso oferecer em gestos de amor, repassando a outros corações o que já amealhei nesta existência.

Falar da Natureza e da grandeza da vida é um incentivo para os que têm sensibilidade diante das obras de Deus, haurindo as benesses que a gratidão e o amor propiciam neste caminhar de todos nós.

Quando conseguimos manter em nossos corações sentimentos de amor que enobrecem o nosso viver, mantendo-nos fiéis ao que já assimilamos e buscamos vivenciar as lições de Jesus, nosso Mestre incomparável, o equilíbrio e a paz permanecem conosco, mesmo frente às lutas e desafios existenciais. Não há tempo determinado para cultuarmos em nosso mundo íntimo a esperança e a fé, conquistando a felicidade e a harmonia íntima. Cada um de nós saberá o momento exato para o recomeço, para a busca do que realmente trará paz e plenitude.

Libertar os sentimentos nobres que se iniciam dentro de nós, seja na contemplação da Natureza, no sorriso de uma criança, na ternura de um amigo, na solicitude de alguém que nos atende em momentos de dor, ou simplesmente quando o coração bate mais forte diante da beleza que emociona e induz a pensamentos enriquecedores, é o primeiro passo que leva à conquista do equilíbrio e da luz.

Se existe um tempo para ser feliz já sabemos que ele não está na evocação do passado nem nas projeções mentais que arquitetamos para o futuro, mas sim no momento presente no qual poderemos decidir o que é melhor para nós e nos proporciona bem-estar físico e espiritual.

O tempo atual é muito importante quando nos propomos a semear o bem. Estamos agora projetando o futuro e é isso que devemos compreender para que estejamos atentos aos valores reais da existência.

Hoje é o melhor dia para aprendermos a amar. Cultivar o amor em nossos corações para que floresça em bênçãos de paz para todos que convivam conosco e reflita em nosso mundo íntimo a plenitude da consciência harmonizada com as leis da vida.

Neste mundo de tantas buscas, visando apenas ao bem-estar material, as pessoas apressadas desconhecem o sentido existencial. Tornam-se ávidas do poder que entorpece, dos bens de consumo que exaurem as energias, desequilibrando o ser e perdem a oportunidade valiosa de haurir as bênçãos que a vida nos concede, quando já conhecemos o caminho da paz interior.

Somos espíritos imortais, e quando não priorizamos as conquistas espirituais e os valores morais, norteando nossa conduta, desequilibramos nosso psiquismo e nos tornamos amargos e infelizes, sem objetivos que alimentem nossa alma. Sem significado, tornamo-nos áridos e tristes, escondendo nossa amargura nas máscaras que usamos para que os outros não percebam nossa insatisfação.

A conexão com uma vida além da vida, a certeza da imortalidade, a compreensão maior de nossa destinação espiritual respondem às inquirições de nossa alma, dando-nos condições de viver em plenitude porque amadurecemos na condição de seres humanos.

A existência de Deus e todas as implicações que esta certeza confere, permite-nos viver em equilíbrio e manter a fé que nos sustenta em momentos de dores acerbas e às mudanças necessárias ao nosso progresso moral.

Quando sofremos e temos esta compreensão mais dilatada em torno da Justiça Divina, das leis que regem o Universo, aceitando a dor como propulsora de nosso desenvolvimento moral, conquistamos a serenidade íntima, tornando-nos mais compassivos diante da dor alheia, passando a respeitar a vida e suas concessões.

Um dos maiores objetivos da vida é viver de tal forma que ao partirmos para a dimensão espiritual deixemos alguma coisa que beneficie os outros, marcas que despertem o desejo de ser grato a Deus pelas bênçãos recebidas. E recordando nossos afetos, os mestres e professores que iluminaram nossas mentes, nossos pais e aqueles que deixaram marcas positivas em nosso coração e na formação moral para o enfrentamento das lutas e desafios existenciais, sentimos aflorar a gratidão e oramos com ternura e enlevo por todos eles.

Por mais simples que seja nossa doação, ela deve ser exteriorizada através do amor e da renúncia, do devotamento e da fé.

A maior riqueza que a vida nos concede é a sabedoria quando atingimos um nível de aceitação e valorização de tudo o que nos acontece, por meio do conhecimento de nós mesmos e dos objetivos existenciais. Passamos a ser mais compassivos, mais humildes e gratos pelo dom da vida e experiências que ela propicia e que enriquecem nossos espíritos.

> Harmonizar nossa vontade com a lei divina é compreender nosso objetivo na vida. Por que estou aqui, quais são os meus dons?
> A vida humana é uma grande oportunidade.
> Cada um de nós possui habilidades especiais, um papel

particular no círculo. Essa consciência só se manifesta quando a pessoa dedica suas qualidades naturais ao bem da família, do grupo, da nação, de todos os seres.[61]

Portanto, vivamos o momento presente com a consciência lúcida de estarmos projetando um futuro com maiores possibilidades de felicidade e harmonia íntima.

Hoje é o melhor tempo para semearmos a felicidade!

---

[61] - Eilleen CAMBELL, *Tempo de viver*, cap. 10.

Caminhos do coração

A existência terrena é transitória, assim também as nuvens de outono que se dispersam embaladas pelo vento.

Na condição de espíritos imortais, os seres humanos deveriam desenvolver suas potencialidades intelectuais e morais, enriquecendo-as e iluminando-as com os valores reais que os acompanharão na inevitável viagem de retorno ao mundo espiritual. Entretanto, fixando suas metas, apenas, nas conquistas efêmeras do mundo físico cometem grande equívoco que retardará seu progresso e as mudanças necessárias ao seu desenvolvimento moral.

Um pensador do século XX afirma que: *Só no coração do homem é que se encontra o mundo novo.*[62]

Ele conhecia o caminho que levaria o homem à transformação moral.

Jesus, em suas pregações nos incita a amar, a dulcificar nossos sentimentos, equilibrando as emoções através de Seu Evangelho que norteia o caminhar dos cristãos de todos os tempos. Entretanto, muitos têm dificuldades em seguir as intuições e os comandos do coração e se emparedam na frieza dos cálculos, nos raciocínios impermeáveis a qualquer sentimento que dulcifique seus gestos. Nem pensam em solucionar os pro-

---

[62] - Eillen CAMPBELL, *Tempo de viver*, Introdução: "Hora de mudar".

blemas vivenciais e não possuem a mínima preocupação com o que ocorre além dos limites de seu egocentrismo e das aquisições materiais. Vivem como se nunca fossem morrer. Excessivamente racionais e robotizados pela tecnologia moderna, vão se deixando levar ao sabor das conquistas e prazeres mundanos.

Todavia, seguir as diretrizes do coração, quando ele nos indica o caminho da compaixão, do amor ao próximo, da benevolência para com todos, é tão menos complicado!

Como estamos em estágios diferentes de evolução espiritual é natural que cada um encontre seu próprio caminho, a estrada mais ampla ou mais estreita, a senda mais sombria ou clarificada pela luz da compreensão, nessa busca de paz e de mudanças que, forçosamente, teremos de realizar dentro de nós mesmos.

Todos nós estamos destinados à perfeição moral, pois, nós somos filhos de Deus, herdeiros das benesses da vida, dentro de uma felicidade real e plena.

Jesus nos concedeu o roteiro.

Felizes os que já compreenderam a necessidade de caminhar com retidão e amor pelas estradas da vida.

Felizes os que herdarão a Terra em sua romagem evolutiva, podendo aqui permanecer após a grande transição.

Todos nós que já conhecemos as lições edificantes que Jesus nos legou, precisamos refletir até que ponto vivenciamos essas diretrizes.

Interpelado por um doutor da Lei, sobre o que deveria fazer para herdar a vida eterna, Jesus, conhecendo a condição intelectual daquele que o procurara, indagou o que ele entendia da Lei Divina e obtendo uma resposta correta lhe disse:

Respondeste bem: faze isto e viverás. (Lucas: 10,28).

Comentando as palavras de Jesus, Emmanuel nos esclarece o significado real de *viver*:

> Viver não se circunscreve ao movimento do corpo, nem à exibição de certos títulos convencionais. Estende-se a vida a outras esferas mais altas, a outros campos de realização superior com a espiritualidade sublime.[63]

E, no recorte, o nobre benfeitor espiritual referencia o grande número de cristãos integrados e conscientes das tarefas que lhes competem, mas que, ainda, vivem pedindo orientações aos mentores espirituais quanto à melhor maneira de agir.

E conclui:

> *(...) A resposta, porém, está neles mesmos, em seus corações que temem a responsabilidade, a decisão e o serviço áspero...*
> [64]

Muitos cristãos receiam assumir o controle de seus atos, esquivando-se em justificativas quanto a estar preparados para assumir tarefas, orientar os mais necessitados, exercitar a caridade aos que sofrem carências materiais ou espirituais. E com isso, perdem oportunidades valiosas de crescimento espiritual.

Falar de mudanças, imprescindíveis à nossa melhoria íntima, é uma constante no pensamento de todos aqueles que

---

[63] - Francisco C. XAVIER, *Caminho, verdade e vida*, cap. 157.
[64] - Francisco C. XAVIER, op. cit.; loc. cit.

procuram através do que escrevem ou pregam, elucidar, mais profundamente, os que ainda permanecem sob o véu da insensibilidade diante da dor e dos problemas alheios.

Creio mesmo que estamos em processo de mudanças. Uns caminhando mais lentamente, outros adiantados e já conseguindo marcar com as luzes do conhecimento e do amor o roteiro para aqueles que os seguem.

Os caminhos do coração são delineados de forma diferenciada porque não estamos em posições idênticas, quanto ao progresso moral ou intelectual.

Reconheço que a moralidade do ser, os sentimentos elevados e a compaixão serão os melhores condutores de todos nós nesta busca da espiritualidade superior, nesse caminhar constante em direção a um mundo de paz e fraternidade.

Gosto de usar o termo compaixão, porque ele traduz uma sensibilidade maior diante da dor do outro ou mesmo quando exercitamos o perdão diante de alguém que tenha nos magoado profundamente.

A chave de um bom relacionamento humano está na compaixão. Não há um único ser na Terra que não necessite da compaixão e da compreensão humana, porque não somos infalíveis e nos equivocamos causando danos morais ou outros males, mesmo sem um propósito consciente.

Quem exerce a compaixão para com seu próximo já adquiriu o equilíbrio emocional e tem a consciência em paz. Geralmente é uma pessoa dócil, gentil e afável diante de situações que outros se comprometem com a intolerância e a irritação.

O caminho do coração, inerente a cada um de nós, quando percorrido com segurança e certeza de que é a melhor escolha na direção de uma vida plena e feliz, concederá o privilégio de agir dentro dos padrões já estabelecidos pela Lei Divina, dando-nos a tranquilidade necessária para prosseguir com fé e otimismo.

> Compadece-te, portanto, sem qualquer restrição. Feliz e saudável é sempre aquele que avança em paz, sem amarras perigosas com a retaguarda.
> A saúde integral resulta de inúmeros fatores entre os quais a dádiva da compaixão.
> Disputa a honra de ser aquele que concede a paz, distendendo a mão de benevolência em solidariedade fraternal ao agressor.[65]

Faze isso e viverás.

---

[65] - Divaldo FRANCO, *Libertação pelo amor*, cap. 26.

Encontro marcado

Uma das mais significativas passagens do *Novo Testamento* encontra-se no encontro de Jesus com a Samaritana.

Deixando a Judeia em direção à Galileia, Jesus passou por Samaria. Havia um propósito na escolha de Jesus, seguindo este trajeto mesmo sabendo-o árido e montanhoso.

Não foi casualidade o encontro com a Samaritana que viria pegar água no Poço de Jacó, no momento em que Jesus descansava da jornada, perto da fonte.

Havia toda uma preparação para este encontro. Ele ficaria feito um marco para os cristãos ao longo dos tempos, aproximando-os feito irmãos e derrubando os dogmas e as convenções criadas pelos homens tais quais rituais de adoração a Deus.

Jesus estava sozinho, pois seus discípulos haviam se dirigido à cidade de Sicar para comprar alimentos.

Desenrola-se, então, o diálogo que se tornou célebre pela narrativa de João, no capítulo 4: 4,40.

Dirigindo-se à Samaritana, Jesus lhe disse:

– *Dá-me de beber.*

A mulher surpresa respondeu-lhe:

– *Como tu, sendo judeu, pedes de beber a mim, que sou samaritana? Pois judeus não se associam com samaritanos.*

E Jesus lhe disse:

— *Se conhecesses o dom de Deus, e quem é aquele que diz 'dá-me de beber, tu lhe pedirias e ele te daria a água viva.'*

A Samaritana argumentou que nem vasilha Ele possuía e que o poço era profundo e indagou se Ele era maior que o Pai Jacó, que seus filhos e seu rebanho.

E como resposta, disse-lhe Jesus:

— *Todo aquele que bebe desta água terá sede novamente. Mas, quem beber da água que eu lhe der, nunca mais terá sede; ao contrário, a água que eu lhe der se tornará, nele, uma fonte de água jorrando para a vida eterna.*

O diálogo prosseguia, mas a mulher samaritana não se dava conta de que Jesus era o Cristo. Somente quando Jesus mandou que ela chamasse o marido e ela respondeu que não tinha, e Jesus concordando, falou particularidades da vida dela, é que a Samaritana, surpresa, lhe disse:

— *Senhor, observo que tu és profeta. Nossos pais adoraram este monte, mas vós dizeis que em Jerusalém é o lugar onde é necessário adorar.*

Jesus disse:

— *Crede em mim, mulher, porque vem a hora quando neste monte nem em Jerusalém adorareis ao Pai. Vós adoreis o que não conheceis; nós adoramos o que conhecemos, porque a salvação é dos judeus. Mas vem a hora — e é agora — quando os verdadeiros adoradores adorarão ao Pai em espírito e verdade, pois também o Pai busca os que assim o adoram. Deus é espírito, e aqueles que o adoram devem adorá-lo em espírito e verdade.*

E a Samaritana lhe disse:

— *Sei que vem o Messias, chamado Cristo. Quando ele vier, nos anunciará todas as coisas.*

Jesus, então, falou:

— *Sou eu – o que te fala.*

A mulher deixou o cântaro, foi para a cidade e narrou todas as coisas aos que encontrava.

Os discípulos já haviam retornado e aguardavam Jesus para seguirem o caminho, mas quando os samaritanos vieram até ele, rogando-lhe que permanecesse com eles, Jesus permaneceu ainda junto a eles por dois dias, e muitos creram por causa da sua palavra.

E diziam à mulher:

— *Não mais por causa da tua fala; cremos por nós mesmos, pois ouvimos e sabemos que é verdadeiramente o salvador do mundo.*

Esta narrativa de João tem diversas interpretações religiosas ao longo de todos estes anos desde que Jesus, naquele dia ensolarado, numa região árida e deserta, divulgou de forma sábia e profética tudo o que sucederia com os vários cultos cristãos.

O mais importante em Sua fala, que muitos até hoje não compreenderam, é a maneira simples que Jesus apresentou à Samaritana o mais alto conceito de como devemos amar a Deus – em Espírito e Verdade.

Em Espírito, despojados de cultos, cerimoniais religiosos, lugares ou altares evocando uma figura simbólica ou humanizada, mas de alma genuflexa, isto é, com humildade e respeito, livre de qualquer sentimento que macule o encontro com Ele através da oração, de um gesto de amor que nos aproxime dele, de um pensamento nobre e elevado exaltando Sua Misericórdia e louvando as bênçãos da vida. Humildade e caridade são as virtudes que nos aproximam de Seu Amor, de Sua Vontade e da Verdade.

Verdade que se amplia quando nossos espíritos se rendem humildemente diante da grandeza de Sua Criação, em todos os níveis da existência, e respeitamos com dignidade e tolerância, abnegação e devotamento, tudo o que recebemos da Vida, seja em momentos de lutas e desafios ou no enfrentamento das dores da alma, quando nos sentimos frágeis e, então, buscamos no Seu Amor o apoio, pela prece e pela meditação mais profunda.

Quando em momentos de reflexões, sozinhos e introspectivos, vislumbramos que somos, realmente, Seus filhos e podemos acender em nosso íntimo a luz do amor e da generosidade afastando-nos das ilusões e dos desacertos, do egoísmo e do orgulho que nos impedem de caminhar em Sua direção.

A mulher Samaritana compreendeu que Jesus era o Messias, mas ainda demorou algum tempo a adorar a Deus em Espírito e Verdade, do modo que Ele anunciara. Certamente, em vidas sucessivas, seu espírito foi aprendendo as lições recebidas e registradas em seu íntimo, naquele dia inesquecível para sua alma.

Passados tantos séculos, Jesus continua a nos conclamar a segui-lo porque Ele é o caminho da Verdade e da Vida imperecível, porém muitos de nós desconhecemos, ainda, ou nos distraímos nas buscas materiais, no poder que entorpece as aspirações mais nobres e nas efêmeras ilusões do mundo.

Com a Codificação Espírita no século XIX, novas luzes se acenderam para os que perseguem a Verdade e a compreensão maior dos desígnios de Deus.

Em *O Livro dos Espíritos*, encontramos nas questões 649 e 650, respondidas com clareza pelos benfeitores espirituais a Kardec, nova concepção da lei moral que explica como devemos adorar a Deus, em consonância com as respostas de Jesus à Samaritana.

> Em que consiste a adoração?
> R. - Na elevação do pensamento a Deus. Pela adoração, aproxima o homem sua alma de Deus.
> A adoração resulta de um sentimento inato ou é fruto de um ensino?
> R.-Sentimento inato, como o da Divindade. A consciência da sua fraqueza leva o homem a se curvar diante daquele que o pode proteger.[66]

Jesus, no encontro com a Samaritana, usou do simbolismo da água e muitas religiões a usam como veículo de purificação, de transmissão de energias, de conhecimento feito uma fonte inesgotável de consolações para os que necessitam.

Neste ensinamento, Jesus deixa claro que as religiões não salvam ninguém, apenas ensinam o proceder, o caminho da redenção espiritual.

Cada um de nós terá de seguir, respeitando as leis morais, amando a Deus em Espírito e Verdade, isto é, sem nenhuma coação, interferência ou indução religiosa, sem representações, ícones ou símbolos materiais, conquistando a consciência livre dos que já creem porque compreendem.

---

[66] - Allan KARDEC, *O livro dos espíritos*, livro III, cap. II, q. 649.

A fé racional libera de quaisquer ritos de adoração.

Allan Kardec acrescenta a adoração quando classifica e comenta a Lei Natural, incluindo-a atendendo ao que os espíritos superiores afirmaram na questão 652:

> Pode-se considerar a adoração como tendo sua fonte na lei natural?
> R – Ela faz parte da lei natural, pois resulta de um sentimento nato no homem. É por isto que encontramos a adoração entre todos os povos, embora sob formas diferentes.[67]

Ao estudarmos as instruções dos espíritos superiores, inseridas neste capítulo de *O Livro dos Espíritos*, encontramos a complementação que amplia nosso entendimento em torno do diálogo de Jesus com a Samaritana, ensinando-a de que modo adorar a Deus em Espírito e Verdade.

De maneira clara e objetiva, Kardec vai formulando as perguntas e recebendo as respostas adequadas ao melhor procedimento de todos nós espiritualistas no sentido de amar a Deus, adorando-o conforme nosso desenvolvimento moral e intelectual.

E vamos aprendendo ou reafirmando conceitos ali contidos:

---

[67] - Allan KARDEC, *O livro dos espíritos*, livro III, cap. II, q. 652.

- *A verdadeira adoração é a do coração.*
- *Devemos adorar a Deus do fundo do coração, fazendo o bem e evitando o mal, com sinceridade.*
- *Todos os homens são irmãos, filhos de Deus, Ele chama a si todos os que seguem suas leis.*
- *É hipócrita todo aquele cuja piedade é apenas aparente.*
- *Respeitar as crenças alheias e não as ridicularizar.*
- *A adoração a Deus poderá ser individual ou pela comunhão de pensamentos.*

Amar e adorar a Deus em Espírito e Verdade é aquisição individual, consequência de nosso progresso espiritual, e essa compreensão maior da Divindade – cuja essência estamos longe de entender – coloca-nos em condições de através da religiosidade enaltecer o poder da fé quando buscamos o Pai Misericordioso e Bom em momentos de dores e infortúnios.

Na natureza humana, é ínsita a crença em algo superior cujo poder se expressa em tudo o que Ele criou, na grandiosidade e na beleza de tudo que está ao redor, nas bênçãos hauridas de Seu Amor.

Somente acreditando em Deus e o adorando com o coração, assimilamos a verdade que se expressa em tudo o que existe e nos sustenta a vida, na renovação permanente dos ciclos evolutivos.

Todas as religiões procuram nos conduzir a este Pai Criador, mas temos na Doutrina Espírita a fé raciocinada que nos induz a crer em Espírito e Verdade, desprovidos de qualquer aparato que nos distancie de Sua grandeza excelsa.

A fé sustenta e suaviza nossos espíritos ante as lutas existenciais e infortúnios da alma.

Santo Agostinho afirma que *ter fé é acreditar naquilo que você não vê; a recompensa por esta fé é ver aquilo em que você acredita.*

Ao respeitarmos as leis da vida, inseridas na Lei Natural ou Divina, estaremos mais próximos da paz e da plenitude neste mundo de tantos descaminhos e contradições.

E, atualmente, quando luzes e sombras se alternam em nosso planeta, encerrando um ciclo de provas e expiações, é imperioso que usemos as ferramentas do conhecimento, do discernimento, da fé raciocinada, reafirmando nosso compromisso com a Verdade que já estamos, aos poucos, assimilando – amando a Deus em Espírito e ao nosso próximo feito o irmão do caminho, sequioso, como todos nós, de amor e de paz!

Aprendendo a amar a si mesmo

Perguntas-me qual foi meu maior progresso?
Comecei a ser amigo de mim mesmo. Sêneca

Jesus alicerçou Sua Doutrina no Amor.

Quando nos ensinou – a *amar ao próximo como a nós mesmos* – sabia que somente por meio deste sentimento teríamos condições de transformar o nosso atormentado mundo interior e encontrar a solução para os desafios existenciais. Sua recomendação indica o caminho da Verdade e da Vida em toda sua plenitude.

Ele já antevia todas as dificuldades que teríamos até que compreendêssemos o significado de amar com abnegação e devotamento. E somente conseguimos atingir este nível de amor em sua plenitude por meio do autoencontro, analisando nossos sentimentos e aprendendo a nos amar, realmente.

Parece uma atitude fácil, todavia terá de ser trabalhada no exercício constante das vivências que nos enriquecem o ser, buscando o equilíbrio íntimo e a aceitação serena de nossa fragilidade como seres humanos, dando-nos a oportunidade de refazer caminhos, e buscar o que nos torne mais humanos, mais compreensivos ante os deslizes e erros, desejando reparar o mal, evitando recaídas.

Quando começamos a compreender o sentido existencial e nos libertamos do que nos impede de amar, sublimando este sentimento que transcende as limitações físicas, tornamo-nos aptos a seguir a proposta de Jesus.

Amar a si mesmo é uma conquista individual, que cada ser humano aprenderá ao longo da vida, em experiências e lutas, desafios e conquistas espirituais.

No processo de aceitação de nós mesmos, amando e perdoando, dando-nos oportunidade de seguir o caminho que se estende diante de nós, estaremos mais receptivos às bênçãos da vida, descortinando com gratidão tudo o que enriquece nosso íntimo. E nessa percepção nova da existência voltada para as conquistas espirituais, que valoriza os valores morais que agora se apresentam como prioritários, conseguiremos melhorar o relacionamento com o próximo, chegando, de acordo com o que recomendou Jesus, a amá-lo como a nós mesmos.

Ao desejarmos, realmente, a felicidade e a paz, devemos procurá-las dentro de nós mesmos. E nessa viagem para o nosso mundo interior, agindo com sinceridade e humildade, analisamos o que estamos fazendo para efetivar essa conquista.

Joanna de Ângelis leciona que:

> A interiorização mental do ser é de fundamental importância para a auto análise, que lhe faculta descobrir todas as possibilidades de desenvolvimento, ao mesmo tempo ensejam trabalhá-las com eficiência e dedicação, para tornar-se inundado pelos divinos dons da sabedoria.[68]

Por meio desta análise, aquilatamos se estamos em paz e felizes com nossas atitudes, em paz perante nossa consciência,

---
[68] - Divaldo FRANCO, *Rejubila-te com Deus*, cap. 24.

o que nos infelicita ou dificulta gostar do que fazemos e a amar a nós mesmos.

Se agirmos com critério e discernimento, usando a humildade e o desejo sincero de alterar o que não é correto ou que nos torna infelizes, estaremos dando o primeiro passo em direção ao autoamor, indispensável para um relacionamento harmonioso.

Por que é tão importante gostar de si mesmo?

Pela simples razão de não se conseguir amar o próximo quando não se tem compaixão por si mesmo. Ninguém conseguirá perdoar o outro se for uma pessoa que não se tolera (mesmo disfarçando este sentimento) e tem um relacionamento social difícil, mascarado pelo orgulho e pela vaidade. Não é fácil conseguir vencer a si mesmo sem alterar padrões mentais, mudar hábitos e libertar-se dos vícios morais, entretanto, ninguém conseguirá a transformação interior, sem o esforço contínuo e a educação dos sentimentos.

Joanna de Ângelis nos anima dizendo que:

> Tudo pode e consegue aquele que tenta, que se afadiga, cai e reergue-se, erra e recompõe-se. (...).
> Tens a destinação do triunfo que te aguarda à rente, caso te proponhas a sair da cômoda posição de indiferente para o estágio de lutador que conquista seu espaço e desfruta da sua oportunidade. (...).
> Reserva-te um pouco de tempo para o ser profundo que és, viaja para dentro e pergunta-te qual é o sentido da existência, por que estás na Terra e como deverás fazer para conquistar a luz que dilui a ignorância; plenifica a mente e o coração![69]

---
[69] - Divaldo FRANCO, *Rejubila-te com Deus*, cap. 24.

Muitos conseguem e você também conseguirá, se o seu objetivo for a libertação de tudo o que o impede de viver em paz consigo mesmo.

Mas, você poderá argumentar que *amar a si mesmo* é uma atitude egoísta de quem é arrogante e vaidoso.

Os que pensam assim foram educados desde a infância para viverem, apenas, em função dos outros, mesmo quando discordavam.

Mesmo para estes ainda há tempo de voltar para dentro de si e reconsiderar as atitudes, os valores e programar outras conquistas que o valorizem e elevem sua autoestima.

Quando enriquecemos a alma com posturas corretas, mesmo contrariados, esforçando-nos para realizar o que nos torna melhores, alcançamos o equilíbrio íntimo.

Ensinam os estudiosos do comportamento humano que atitudes de orgulho, arrogância, vaidade e egoísmo não sinalizam amor por nós mesmos, mas sim máscaras que as pessoas usam para ocultar as carências e frustrações íntimas.

Quem se ama, realmente, é generoso, solidário, gentil e respeitoso, evidenciando em seus gestos a compreensão e o amor pelo próximo, como recomendou Jesus.

Gostar de si mesmo, ficar bem em sua companhia, sentir prazer em estar consigo são expressões que definem aquele que já consegue se olhar no espelho e perceber refletida a imagem de um ser humano que pode ser feliz, que tem valores morais, que é importante. E consegue neste gesto manter um diálogo simples consigo mesmo!

Não vejo um sentimento egoísta neste comportamento, mas uma atitude de quem está se esforçando para viver em paz com sua consciência e com os que estão caminhando ao lado.

Se eu estiver em paz e sem os conflitos que me induzem a ser agressivo, intolerante e mesquinho, sei que caminharei na direção correta, e tendo a fé a me estimular cada vez mais para ser feliz e fazer felizes os que amo.

Existem regras simples para se viver bem consigo mesmo e consequentemente com os outros:

- *Não supervalorize seus problemas, veja-os como desafios.*
- *Não alimente mágoas ou ressentimentos.*
- *Seja grato a Deus e aos que estão ajudando você a se tornar uma pessoa melhor.*
- *Não se preocupe com as pequenas coisas, sonhe grande.*
- *Trate a todos com bondade.*
- *Não culpe os outros pelos seus fracassos.*
- *Viva intensamente o dia de hoje.*
- *Ouça com atenção quem o procura.*
- *Viva com o essencial, o supérfluo incomoda e ocupa espaço que poderia ser usado pelo que precisamos, realmente.*
- *Aceite o que não pode ser mudado.*
- *Não busque no passado justificativas para ser o que é hoje.*

E se não conseguir vencer essas pequenas dificuldades, estabelecer mudanças que o façam gostar de si mesmo, busque ajuda. Existem terapias que ajudam a vencer os inimigos que trazemos dentro de nós, dificultando a libertação de traumas, conflitos e outros sentimentos que perturbam nosso relacionamento na vida em comum e, principalmente, a convivência pacífica conosco, em clima de amor e camaradagem.

Nesta fase de transição, quando escasseiam os valores morais, quando os homens ainda fomentam tantas guerras, conflitos e dissensões, gerando a discórdia e o caos social, devemos começar a nos preocupar com nosso comportamento frente a nós mesmos e qual tem sido nossa contribuição para minimizar o mal que tenta obscurecer, com as sombras do ódio e da intolerância, os horizontes daqueles que almejam um planeta pacificado pela fraternidade e pelo amor.

Nossa contribuição poderá ser pequena, mas se for sincera poderá despertar naquele que nos observa mudanças enobrecedoras alterando para melhor a situação que tanto nos preocupa.

A pacificação deve começar em nosso coração. Os que aspiram à paz e ao progresso moral da Humanidade sabem que estas mudanças se fazem a partir do próprio homem, por meio do autodescobrimento e do amor, numa revolução íntima que beneficie a si mesmo, gerando alterações na sociedade na qual está inserido.

Faça, portanto, a sua parte, educando e iluminando sua consciência com a luz do amor, porque somente este sentimento poderá vencer as sombras que tentam escurecer nossas melhores aspirações que, certamente, são luzes indicadoras do progresso moral tão almejado.

Amorterapia – é a solução para todos os problemas vivenciais.

Rendendo-se à gratidão

Em tudo dai graças. Paulo (I Tessalonicenses: 5,18).
Saibamos agradecer as dádivas que o Senhor nos concede a cada dia...[70]

Com esta recomendação o Nobre Benfeitor Emmanuel inicia uma expressiva página e enumera as bênçãos que recebemos todos os dias através da bondade de Deus.

Ser grato a Deus requer sensibilidade maior diante de tudo o que Ele nos proporciona desde a exuberância da Natureza a nos ensinar o valor da paciência e da perseverança nas lutas de cada dia, como nos gestos dos irmãos que cruzam nosso caminho, desde o início da jornada, ensejando-nos todas as conquistas e possibilidade que hoje usufruímos como apoio e orientação existencial.

São tantas as benesses que enriquecem a vida de todos nós.

E precisamos aprender a agradecer o que recebemos da vida.

Todos nós, filhos de Deus, temos sido agraciados com as oportunidades de crescimento e aprendizado, em vidas sucessivas, visando ao nosso progresso moral. Poucos, entretanto, reconhecem o valor da vida e da riqueza imensurável que nos

---
[70] - Francisco C. XAVIER, *Fonte viva*, cap. 155.

conforta a alma, quando olhamos com o coração aquilo que está ao nosso redor, aqueles que caminham conosco e nos ajudam a sobreviver com dignidade.

Enumerar as bênçãos que iluminam nossa estrada a cada novo dia, contemplando a Natureza que esplende em luzes e cores para enfeitar a vida, seria para cada um de nós um recomeço com mais possibilidades de êxito nas tarefas empenhadas.

Todas as bênçãos que Deus nos concede são dádivas preciosas para amenizar as lutas da existência.

E são inúmeras as vezes que Ele nos ampara e sinaliza o caminho a percorrer, evitando mais deslizes que nos comprometeriam diante da vida e atrasariam nossa evolução. E nem sempre entendemos estes avisos que chegam através das enfermidades, das perdas, dos desenganos, das mudanças tão necessárias ao nosso progresso moral.

A vida tem sido difícil para a maioria das pessoas, mas se tivermos fé e agradecermos a Deus o que nos concede como suportes em fases de maiores sofrimentos, perceberemos que nasce em nosso coração nova perspectiva diante do que é possível fazer para amenizar a dor ou solucionar o problema que nos aflige.

Aprendamos, portanto, a agradecer.

Contar as bênçãos quando nos dirigimos ao Pai Celestial, agradecendo o que nos proporciona, dilata nossa compreensão e sentimos as benéficas vibrações que nos chegam dos benfeitores espirituais sempre atentos às nossas necessidades reais.

Em nossas reflexões, quando buscamos na meditação o equilíbrio emocional, recordando as pessoas generosas que nos ajudaram e ainda ajudam a enfrentar as dores da alma, estamos externando pensamentos de gratidão. Essa atitude ajudará a minimizar as dificuldades do presente e nos dará mais confiança diante do futuro que nos aguarda.

Joanna de Ângelis coloca a gratidão por condição para ser feliz. Diz a benfeitora que Albert Schweitzer considerava a gratidão *o segredo da vida*.

Espírito lúcido e nobre, foi em toda a sua vida um seguidor de Jesus, vencendo desafios, demonstrando o valor da gratidão e enaltecendo em gestos de amor o objetivo de sua existência.

Joanna de Ângelis elucida:

> Uma análise das bênçãos que a existência física proporciona seria suficiente para se agradecer por se estar vivo no corpo; pelo ar que se respira; a água, o pão que a natureza fornece, ao lado das maravilhas de que se veste o cosmo; as noites estreladas, a poderosa força mantenedora do Sol e a tranquilidade magnética da lua, a brisa refrescante, a chuva generosa, a temperatura agradável... Tudo o que vibra e que merece gratidão.[71]

Uma das características do ser emocionalmente equilibrado é o sentimento de gratidão que o leva a ter mais discernimento dos valores morais que engrandecem a existência.

---

[71] - Divaldo FRANCO, *Psicologia da gratidão*, cap. 10.

A gratidão é um gesto natural de alta significação, e seu detentor é feliz mantendo equilíbrio psíquico que o integra ao meio social com altruísmo e dignidade.

Ao atingir este nível ético, o ser humano não age com gratidão apenas em retribuição a algum favor ou bem que tenha recebido, mas de forma mais profunda e espontânea levando-o a ser grato em todos os momentos de sua existência.

Joanna de Ângelis ensina:

> Quando o Espírito alcança o objetivo do seu significado imortal e entende-o com discernimento lúcido, abençoa a tudo e todos, agradecendo-lhes a oportunidade por fazer parte do seu conglomerado.
> A gratidão deve ser um estado interior que se agiganta e mimetiza com as dádivas da alegria e da paz.
> Por essa razão, aquele que agradece com um sorriso ou uma palavra, com uma expressão facial em silêncio ou numa canção oracional, com o bem que esparze, é sempre feliz, vivendo pleno. (...).
> Quando se é grato, nunca se experimenta nenhum tipo de decepção ou queixa, porque nada espera em resposta ao que realiza.[72]

Sendo uma conquista do Espírito, a gratidão flui de forma espontânea e natural, dando ao que a possui sensação de bem-estar físico e espiritual porque vai esparzindo pelo caminho as emanações fluídicas de uma alma nobre e abnegada, recebendo em troca as vibrações correspondentes.

---

[72] - Divaldo FRANCO, *Psicologia da gratidão*, cap. 1.

A alegria de viver é o resultado da atitude daquele que é grato porque está em sintonia com energias idênticas que o circundam mantendo um nível ético mais elevado, e assim sua percepção se aguça diante das dádivas hauridas no meio em que vive, dando-lhe serenidade íntima e bem-estar físico.

São raras as pessoas que possuem em seu coração o sentimento de gratidão a Deus por tudo que recebem em bênçãos diárias, mas aquelas que já expressam este sentimento são pessoas afáveis, gentis, caridosas porque o amor caminha ao lado da generosidade e da compreensão do sentido existencial.

Procuremos, portanto, todos nós que já temos as luzes do conhecimento aclarando nosso raciocínio a externar a gratidão em todos os momentos da vida, seja de forma tímida através de um sorriso de consentimento quando alguém nos orienta, seja no abraço sincero e fraterno quando nos estimulam a seguir e nos confortam o coração, seja em momentos de felicidade ou de dores acerbas, saibamos ser gratos diante das experiências vivenciadas, mesmo sofrendo.

A dor reflete o amor de Deus por todos nós, concedendo-nos meios de redenção e resgate no processo de desenvolvimento moral, visando à ascensão de nossos espíritos na linha de evolução a que estamos destinados.

E mesmo sofrendo, sejamos gratos à vida e aos que nos beneficiam com gestos de amor e generosidade, reconhecendo que seremos abençoados pela paz e pela plenitude quando a gratidão nos impulsionar em júbilos de apreço e reconhecimento aos que nos amparam, mesmo que tenhamos apenas um sorriso para oferecer.

Finalizando e rendendo-me à gratidão, concordo com a benfeitora Joanna de Ângelis quando nos fala que: *o ser hu-*

mano saudável é cauto, vivendo dentro dos padrões éticos que conferem o bem-estar e a alegria existencial.[73]

E esclarece sua conceituação, dizendo:

> O sentimento de gratidão é-lhe uma condição natural, pois que sabe valorizar tudo quanto lhe chega, sendo abençoado pelas facilidades ou mediante os sofrimentos que, eventualmente, o alcançam. Isso porque o bem-estar não se restringe apenas às questões agradáveis e proporcionadoras de júbilo, mas também àquelas de preocupação e análise das variadas conjunturas do processo humano em desenvolvimento.[74]

E aquele que é grato valoriza a vida e reconhece sua interdependência com os seus semelhantes, buscando a harmonia íntima e os valores enriquecedores da alma imortal.

---

[73] - Divaldo FRANCO, *Psicologia da gratidão*, cap. 6.
[74] - Divaldo FRANCO, op. cit.; loc. cit.

O DEVER DO CORAÇÃO

Não existem acasos nem coincidências na vida.

Desejando escrever mais um capítulo desse livro, ainda não me decidira qual assunto a relatar, quando orando nesta manhã, preparava-me para mais um dia com uma leitura do Evangelho e a mensagem inserida nas Instruções dos Espíritos, assinada por Lázaro, comentava o dever.

Logo no início da mensagem ele diz:

> O dever é a obrigação moral, diante de si mesmo primeiro e dos outros, em seguida. O dever é a lei da vida; ele se encontra nos mais ínfimos detalhes, assim como nos atos elevados.[75]

Concluindo seu pensamento, Lázaro explica que está se referindo ao dever moral e não às obrigações da vida profissional.

Senti vontade de abordar esse assunto, para falar ao seu coração e à sua mente sobre nossa responsabilidade moral diante dos deveres assumidos e dos que iremos cumprir, coerentes com nossa condição espiritual.

---

[75] - Allan KARDEC, *O evangelho segundo o espiritismo*, cap. XVII, item 7.

É profunda a mensagem inserida no Evangelho e, ao refletir em torno de seu conteúdo, chamou minha atenção de forma mais acentuada sua referência ao dever do coração. E, é justamente sobre esse dever que desejo conversar com você, estimado leitor, expressando o que sinto e como analiso nossas vivências, quando conseguimos seguir as normas e regras morais, com o sentimento cristão, agindo com este sentimento que nos impulsiona aos gestos de amor movidos pelo coração.

> O dever do coração, fielmente observado, eleva o homem e o sustenta, mas permanece impotente diante dos sofismas do homem; mas esse dever, como precisá-lo? Onde começa ele? Onde se detém? O dever começa precisamente no ponto em que ameaçais a felicidade e a tranquilidade do vosso próximo; termina no limite que não gostaríeis de ver ultrapassado em relação a vós mesmos.[76]

Existem registros em religiões de várias culturas, falando do coração como sede das emoções e onde seriam cultivadas as virtudes no ser humano ou as maldades quando ele, ainda imperfeito, expressaria sensações perturbadoras de ódio ou vingança.

Na *Bíblia* e no *Novo Testamento* temos várias citações que evidenciam essa crença. É só consultar essas obras para encontrar os profetas e posteriormente Jesus e seus apóstolos falando do coração como sede de emoções, sentimentos, geradores do bem ou do mal.

---

[76] - Allan KARDEC, *O evangelho segundo o espiritismo*, cap. XVII, item 7.

Cria em mim um coração puro, ó Deus, e renova dentro de mim um espírito estável. Salmos: 51,10.

Amarás o Senhor, teu Deus com todo o teu coração, com toda a tua alma e com toda a tua mente. Mateus: 22,37.

Pois, onde está o teu tesouro aí estará também o teu coração. Mateus: 6,21.

Bem-aventurados os limpos de coração, porque verão a Deus. Mateus: 5,8.

A origem da relação existente entre o coração e os sentimentos é registrada, também, na cultura romana e na grega, quando ainda não eram conhecidos os avanços científicos em torno desse órgão tão importante em nossa organização somática.

Muitos consideram essas citações tais quais símbolos significando o centro da vida, da coragem, da razão. A palavra coração deriva do grego e do latim *cor*. Ambas têm origem na palavra Kurd, do sânscrito, que significa saltar. E muitas palavras derivam da raiz *cor*, como coragem, concordar, recordar.

Assim, recordar quer dizer *trazer novamente ao coração.*

Coragem, *viver com o coração* e concordar é viver de *acordo com o que ele quer.*

Já nos acostumamos a usar o coração como forma poética para expressar o amor, a saudade e como a sede das virtudes.

Mas, os avanços da Neurociência e da Cardioenergética demonstram que o coração tem funções muito importantes e, além de bombear o sangue em nosso corpo ou ser uma metáfora romântica para os sentimentos entre as pessoas, ele reage

247

ao que percebe, influenciando todo o organismo humano, inclusive o cérebro.

As pesquisas da nova ciência assinalam que o coração possui talentos e características próprias que ultrapassam a nossa capacidade racional de compreensão e abrem caminho para uma atuação pessoal e profissional mais criativa, produtiva e saudável.

Os pesquisadores e neurocientistas do "Institute of HeartMath" dos Estados Unidos descobriram que o coração tem um sistema nervoso independente.

E descobriram, também, que o coração possui 40 mil neurônios e que eles estão, cuidadosamente, estudando a inteligência do coração, como escutá-la e seguir suas intuições, tornando mais equilibradas nossas emoções.

Os pesquisadores chegaram a conclusões muito interessantes e que na prática já seguíamos intuitivamente, de que a mente opera de uma maneira linear e lógica, o que é muito útil em nossa vida prática, entretanto, a nossa capacidade intuitiva e emocional, que é a inteligência do coração, tem um papel muito importante em nossas escolhas e decisões.

Portanto, a cabeça sabe, mas o coração compreende. Há uma conexão entre o cérebro e o coração, agora, mas facilmente explicável.

Já dizia Blaise Pascal que "o coração tem razões que a própria razão desconhece". Talvez ele tenha usado apenas uma forma poética de falar da emoção e do sentimento na escolha de um gesto ou ato inteligente. Contudo, a História da Civilização nos dá exemplos de pensadores, filósofos e cientistas dando ao coração conotação de um órgão sensorial e racional. Mas sem respaldo científico algum.

Não iremos estender os comentários acerca dessa nova concepção porque o fator mais importante que nos levará ao dever do coração, sem qualquer referência aos avanços científicos, será a moralidade do ser evidenciada em suas escolhas e atitudes no enfrentamento dos desafios existenciais.

O ser humano moralizado, dotado de livre-arbítrio, irá de forma acentuada e constante usar de suas habilidades e escolhas no desempenho de suas atribuições e deveres para consigo mesmo e para com seu próximo.

Em estágio mais elevado, ele ampliará o dever moral para com toda a sociedade onde estiver inserido, para com a Natureza, seu habitat e para com Deus – Pai e Criador do Universo.

Mas, é preciso que nos preparemos convenientemente para a aquisição do discernimento, do senso moral e do sentimento humanitário na hora de realizar nossas escolhas e agir no cumprimento dos deveres.

Essa preparação é feita em vidas sucessivas, e em cada nova existência é preciso que nos dediquemos à educação das crianças e dos jovens para que estejam preparados na vida adulta a realizarem as escolhas mais apropriadas.

No processo de educação dos caracteres que são mais acessíveis na infância, quando ainda estamos sob a responsabilidade de nossos pais, e, certamente, influenciarão nossa formação intelecto-moral, é muito importante que seja despertado o sentimento do dever do coração, para que nossas virtudes e aptidões possam ser desenvolvidas.

E nessa linha de pensamento, recordo-me de um evento em que participei, em 2013, *Encontro com Divaldo*, em Salvador. Durante um Seminário, ele narrou uma história muito linda sobre as duas janelas, uma da alegria e outra da tristeza. Fiquei muito comovida com a apresentação que incentivava o uso da bondade e do amor em duas diferentes fases de nossa vida.

Em momentos de sombras e tristezas, quando sofremos e nos momentos de luzes e intensas alegrias que levam nosso coração ao enternecimento e à gratidão a Deus.

Hoje, chegou-me por e-mail, de uma amiga que trabalha na Mansão do Caminho, Fátima Oliveira, que envia, diariamente, mensagens de Joanna de Ângelis, a história completa das duas janelas que passo a transcrever para que analisem comigo a importância da sabedoria de quem orienta e toca o coração de uma criança, ensejando-lhe uma vida plena voltada para o amor e para a fraternidade humana.

Eis a história:

Uma jornalista americana, Ruth Staut, escreveu um belo livro narrando a história de sua vida.

Nessa obra afirma que o maior sonho de sua existência era dar um conselho aos jovens.

Então, para poder dar tal conselho ela escreve a autobiografia, deixando uma parte para estabelecer a sua diretriz orientadora para a juventude.

Em determinado trecho, recorda-se de que, quando tinha quatro anos de idade, morava numa bela casa californiana, esparramada num gramado verde cercado de roseiras, invariavelmente abertas em flor.

Num dia pela manhã, quando Ruth despertou, olhou pela janela, para o lado, e viu seus irmãos fazendo uma pequena sepul-

tura para poder inumar o cadáver de um cãozinho chihuahua.

Os irmãos choravam e Ruth também começou a chorar.

O avô, que estava na sala, sentado numa cadeira de balanço, vendo-a chorar, acercou-se-lhe e perguntou:

Por que choras?

Ora... porque meus irmãos estão tristes. Morreu seu cachorrinho. Eu não gostava dele, mas os meus irmãos gostavam, e como eles estão tristes eu também estou.

O avô, que era um homem muito sábio, pegou-a pela mão e a fez atravessar a sala, e numa outra janela, defronte da que ela estava, apontou uma roseira e disse:

Ruth, olha a roseira que nós plantamos há apenas três meses, lembras-te?

E lépido, saltou a janela e disse: Vem! E ela foi correndo com ele.

Quando chegaram junto à roseira, ela estava como se fosse uma criança com os dedos e as unhas arroxeadas. Eram os botões que iam abrir!

Um deles estava se abrindo e exalava um doce aroma. O avô lhe disse: Cheira! Sente, Ruth – e ela sentiu o aroma, então sorriu.

Ele perguntou: – Estás contente, agora? Oh, claro, avozinho! Que felicidade ter uma roseira!

Ele a pegou pela mão, voltou à janela, saltaram, foram até o meio da sala, e ele disse:

Ruth, eu quero te dar um conselho, para que tu nunca mais te esqueças dele:

Na vida de todos nós, sempre existem abertas duas janelas. Uma que olha para a tristeza e a outra que olha para a felicidade. A verdadeira sabedoria está em eleger aquela janela onde se quer ficar. Quando estiveres debruçada na janela da tristeza, lembra-te que atrás a janela da felicidade está aberta. E, então, transfere-te de janela. E quando estiveres na janela da felicidade, lembra-te que atrás alguém está chorando e necessita do teu apoio. Nunca te esqueças. Jamais permaneças na janela da tristeza desdenhando o dom da felicidade que Deus a todos nos oferece. E ainda, quando estiveres feliz, nunca te esqueças de que alguém necessita de uma cota de alegria, que tu podes dar.

Na vida de todos nós, abrem-se janelas expressivas onde poderemos fitar a tristeza, e outras de felicidade.

Que saibamos sair do peitoril da janela da tristeza para poder sorrir com o dia de sol, sem nunca se esquecer de levar um pouco de claridade e apoio moral a quem está chorando nas sombras.

É assim a vida aqui na Terra, com luzes iluminando a caminhada nos dias de sol e felicidade e momentos de tristeza que nos levam a sofrer a dor e o desencanto diante de acontecimentos que não podemos reverter.

Entretanto, com a certeza de que nada é permanente nesse mundo transitório onde estamos inseridos na lei de causa e efeito, vivenciando o que necessitamos para desenvolver em nosso mundo íntimo os valores morais necessários ao nosso progresso e desenvolvimento espiritual, procuremos, como enfatiza a história, lembrar que a janela da felicidade e da alegria está aguardando por nós e ao nos transferirmos para ela, não esqueçamos os que estão chorando na janela da tristeza.

Assim, quando estivermos na fase da tristeza, também, não esquecermos as bênçãos da vida que nos oferece todos os dias a oportunidade do recomeço e sorrir, estendendo as mãos aos que padecem dores maiores que as nossas.

Nessa dualidade de sombras e luzes, característica de nossa condição espiritual neste mundo de provas e expiações, poderemos reverter as situações que nos dificultem a marcha com a luz da esperança em dias melhores e a certeza de que Deus é Amor e não nos colocaria em situações das quais não poderíamos nos desvencilhar com êxito, desde que a humildade e a fé iluminem nossos corações externando a bondade para com todos.

A atitude amorosa e condescendente que desejamos que os outros nos dispensem, quando estamos precisando de ajuda, deve nortear nossa conduta quando alguém carente de compreensão e afeto procura-nos, sem condições de sobreviver sem o apoio fraterno de um irmão que dele se compadeça.

O dever do coração é uma ação espontânea que caracteriza o homem de bem, em todos os relacionamentos humanos. Estamos interligados e somos interdependentes nessa caminhada evolutiva buscando a implantação da paz e do amor em nosso mundo, a começar dentro de nós mesmos.

O dever moral se inicia em nosso coração e depois se estende ao familiar, ao companheiro das lides religiosas, ao irmão que cruza nosso caminho.

Ele é o farol a nos guiar com segurança buscando a implantação do reino dos céus em nosso íntimo, acendendo e expandindo a luz que em Sua Infinita Bondade Deus nos legou como filhos de seu Amor, destinados à perfeição e à felicidade real!

Luzes e sombras! Amor e ódio. Bondade e maldade. Equilíbrio e insensatez. Sabedoria e ignorância.

Contrastes que ainda perduram em nosso mundo e que estão fadados a desaparecer quando estivermos no processo de regeneração espiritual, não necessitando mais de compreender as nuances da vida através das comparações dos contrários.

Confiemos em nosso futuro espiritual!

Jesus aguarda por nós e nos disse que estaria conosco até o fim dos tempos. Finalização de um ciclo evolutivo de trevas para alçar o voo da alma na direção das estrelas desse novo tempo de Regeneração da Humanidade.

Referências

CAMPBELL, Eillen. *Tempo de viver, aprendendo a despertar para o momento.* Trad. Iva Sofia G. Lia. Rio de Janeiro: Sextante, 2004.

FRANCO, Divaldo Pereira. *A um passo da eternidade.* Pelo Espírito Eros. Salvador: LEAL, 1989.

_____*Autodescobrimento: uma busca interior.* Pelo Espírito Joanna de Ângelis. Salvador: LEAL, 1995.

_____*Entrega-te a Deus.* Pelo Espírito Joanna de Ângelis. Catanduva (SP): InterVidas, 2012.

_____*Encontro com a paz e a saúde.* Pelo Espírito Joanna de Ângelis. Salvador: LEAL, 2007.

_____*Episódios diários.* 9ª ed. Pelo Espírito Joanna de Ângelis. Salvador: LEAL, 2011.

_____*Filigranas de luz.* 2ª ed. Pelo Espírito Tagore. Salvador: LEAL, 2011.

_____*Ilumina-te.* Pelo Espírito Joanna de Ângelis. Catanduva (SP): InterVidas, 2013.

_____*Libertação pelo amor.* Pelo Espírito Joanna de Ângelis. Salvador: LEAL, 2005.

_____*Libertação do sofrimento.* Pelo Espírito Joanna de Ângelis. Salvador: LEAL, 2008.

_____*Momentos de iluminação.* 4ª ed. Pelo Espírito Joanna de Ângelis. Salvador: LEAL, 2009.

_____*Momentos enriquecedores.* Pelo Espírito Joanna de Ângelis. Salvador: LEAL, 1994.

_____*O amor como solução.* Pelo Espírito Joanna de Ângelis. Salvador: LEAL, 2006.

_____*Plenitude.* 6ª ed. Pelo Espírito Joanna de Ângelis. Salvador: LEAL, 1997.

_____*Psicologia da gratidão.* Pelo Espírito Joanna de Ângelis. Salvador: LEAL, 2011.

_____*Rejubila-te em Deus.* Pelo Espírito Joanna de Ângelis. Salvador: LEAL, 2013.

_____*Temas da vida e da morte.* 4ª ed. Pelo Espírito Manoel Philomeno de Miranda. Salvador: LEAL, 1996.

_____*Viver e amar.* 4ª ed. Pelo Espírito Joanna de Ângelis. Salvador: LEAL, 2010.

KARDEC, Allan. *A gênese.* 2ª ed. De Bolso. Rio de Janeiro: FEB, 2007.

_____*O evangelho segundo o espiritismo.* 363ª ed. Rio de Janeiro: FEB, 2013.

_____*O livro dos espíritos.* Edição comemorativa do Sesquicentenário. Rio de Janeiro: FEB, 2007.

XAVIER, Francisco Cândido. *Caminho, verdade e vida.* 28ª ed. Rio de Janeiro: FEB, 2012.

_____*Fonte viva.* 36ª ed. Pelo Espírito Emmanuel. Rio de Janeiros: FEB, 2009.

_____*O consolador.* 29ª ed. Pelo Espírito Emmanuel. Brasília: FEB, 2013.

_____*Palavras da vida eterna.* 34ª ed. Pelo Espírito Emmanuel. Rio de Janeiro: FEB, 2007.